청소년 한방 시리즈 1 – 인문 사회

시사 속으로 생각 속으로

청소년 한방 시리즈 1 – 인문 사회

시사 속으로 생각 속으로

초판 1쇄 발행 2020년 8월 15일
초판 2쇄 발행 2020년 11월 30일

지은이 ㅣ 고성관 김문경 김미원 박기철 이혜은 최원용 황인애 황 산
펴낸이 ㅣ 강인구
펴낸곳 ㅣ 누림북스
등　록 ㅣ 제2014-000144호
주　소 ㅣ 서울시 종로구 삼일대로 428 낙원상가 5층 500-8호
전　화 ㅣ 02-3144-3500
팩　스 ㅣ 02-6008-5712
이메일 ㅣ cdgn@daum.net
디자인 ㅣ 참디자인

ISBN 979-11-954647-9-1 (43030)

청소년 한방 시리즈 1 – 인문 사회

시사 속으로
생각 속으로

고성관·김문경·김미원·박기철·이혜은·최원용·황인애·황 산

교재의 **7**대 특징

1. 스스로 생각하고 자기주장을 정리하는 생각의 힘을 길러주는 구성

2. 사회 이슈의 쟁점과 키워드를 파악하는 감각과 시의적절성

3. 타인의 주장과 여론을 식별하는 뉴스 리터러시 능력 배양

4. 자기 글을 명료하게 쓰도록 돕는 3P에세이 및 PREP 기법

5. 검색의 번거로움을 덜고 자기주도적 학습으로 이끄는 자료정보

6. 학교수업과 연계된 발표, 수행평가, 토론자료에 유용한 실용성

7. 특목자사고, 대학교 자소서와 면접에도 실질적 도움이 되는 콘텐츠

누림북스

교재 안내

- 이 교재는 인문사회 시리즈의 '사회영역'의 사회이슈를 다룬 교재입니다.
- 이 교재는 학생 스스로 공부하고 사용할 수 있는 워크북으로 구성되었습니다.
- 이 교재는 중고등학교 교사 및 학원의 강사가 편리하고 효율적으로 사용할 수 있는 현장 중심의 교재입니다.
- 이 교재는 시의적절한 주제를 엄선하여 학생들에게 이슈 파악 감각을 길러줍니다.
- 이 교재는 실용적이고 실전적인 콘텐츠만 담고 있습니다. 그래서 간결합니다. 백과사전적인 교재는 생각하는 힘을 기르는데 오히려 장애가 되기 때문입니다.
- 이 교재는 현장에서 학생들을 직접 가르치는 현장 전문가와 연구자가 함께 참여하여 만들었습니다.

교재의 7대 특징

1) 스스로 생각하고 자기 주장을 정리하는 힘을 길러준다.
2) 사회 이슈의 쟁점과 키워드를 파악하도록 돕는다.
3) 타인의 주장에 휩쓸리지 않고 스스로 판단하는 뉴스 리터러시 감각과 능력을 키워준다.
4) 3P에세이 및 PREP 기법으로 자기 글을 명료하게 쓰도록 안내한다.
5) 다양한 자료정보를 제공하여 검색의 번거로움을 덜어주고 자기주도적 학습을 하도록 돕는다.
6) 학교수업과 연계된 발표, 수행평가, 토론자료에 쓰일 수 있다.
7) 특목자사고, 대학교 자소서와 면접에도 실질적인 도움이 된다.

〈효과적인 공부계획 세우기〉 6~12일 마스터

이 책은 모두 12개의 주제로 되어 있습니다. 하루 혹은 이틀 만에 이 책을 끝내겠다는 욕심은 버리세요. 암기과목 공부하듯이 한꺼번에 하는 것은 효과가 별로 없습니다. 하루에 1개의 주제를 학습하는 것이 가장 효과적입니다. 성실하게 한다면 최대 하루 2–3개의 주제에 대해서 할 수도 있겠지만 그 이상은 효과가 크게 반감됩니다. 1주 혹은 2주 공부계획을 세워 하루 90분 정도의 시간을 투자하세요.

교재 사용법

이 교재는 다음 4가지 단계로 진행하면 가장 효과적입니다.

1. 본문 읽기(30-40분)

먼저 저자들이 쓴 본문을 읽어보세요. 그냥 읽기만 하면 됩니다. 결코 암기하려 하지 마세요. 문장을 암기하려 하면 흐름과 내용에 집중할 수 없습니다. 암기할수록 생각이 굳어집니다. 기본적인 정보를 얻고 기초 개념을 파악한다는 마음으로 찬찬히 읽으세요.

2. 깊이 생각하기(15분)

저자들이 각 주제별로 3-5개 정도의 질문을 던집니다. 정답은 없습니다. 답을 찾으려 하지 말고, 내 생각을 간단히 정리해 보세요. 머리로만 생각하지 말고 빈 여백에 간단히 자기 생각을 요약해서 기록해보세요. 그 과정에서 생각이 정리됩니다.

3. 짧은 에세이 쓰기(30분)

한 가지 '질문'을 주제로 하여 짧은 에세이(논술)를 써보세요. 시간을 내어 문장으로 완성해 보세요. 30분이면 됩니다. 직접 논술하며 글을 쓸 때 생각이 정리되고, 생각하는 힘이 길러집니다. 6쪽에서 간단하고 효율적인 방법을 제안합니다. 처음에는 익숙하지 않지만 연습하고 직접 쓰기를 계속 하면 생각의 힘과 주장을 펼치는 논리가 탄탄해집니다.

4. 더 깊은 학습을 위한 자료를 찾아서 살펴보기(선택)

보다 깊은 탐구를 원하는 학생은 뉴스자료, 책 또는 논문, 영화 목록을 보고 검색하거나 시청하시면 보다 깊은 생각과 글쓰기 자료를 얻을 수 있습니다.

 **내 글쓰기 안내**

각 주제를 다루는 마지막 페이지에 나의 생각과 주장을 담아 '짧은 에세이로 내 글을 쓰는 공간'이 있습니다. 꾸준히 하면 글쓰기 감각이 향상되고, 내 생각을 정리하게 되며, 논술이나 토론에도 큰 도움이 됩니다. 아래의 두 가지 방법으로 짧은 글을 써 보세요.

1. 3P 에세이 기법으로 쓰기

3P 에세이는 3개의 논점(point)으로 자신의 생각을 서론 – 논점1 – 논점2 – 논점 3 – 요약/결론의 순서로 간결하게 쓰는 '논리적 글쓰기' 모델입니다. 미국을 비롯한 서구 사회에서는 초등학교에서부터 이를 훈련합니다. 3P에세이 기법은 글의 구성에 대한 감각을 크게 길러줍니다.

- **서론** : 주제 혹은 제목과 관련하여 자신의 입장과 견해를 간결하게 밝힌다.
  몇 개의 문장 이내로 문제의 초점을 정리하고, 자기 주장을 밝힌다.
- **본론** : 논점을 뒷받침하는 근거 혹은 이유를 간결하게 제시하고, 이를 설명한다.
  1, 2, 3, 번호를 붙이거나, 첫째 – 둘째 – 셋째(마지막으로)로 문단을 시작한다.
  3개의 논점은 서로 연관성을 지니도록 표현한다.
  경우에 따라 2개 혹은 4개의 point(논점)을 기술하는 것도 가능하다.
- **결론** : 자신의 입장과 견해를 다시 한번 한 문장으로 요약한다.
  그리고 그것을 이루는 방법이나 그 효과나 대안 등을 간단히 언급한다.

※논쟁이나 토론의 방식으로 진행할 경우 논점 전개를 '반대하는 이유'를 몇 개의 Point로 기술할 수 있다. 찬성하는 경우 그 근거와 이유를 3개의 point로 쓴다.

2. PREP 기법으로 쓰기

PREP은 Point, Reason, Example, Point의 머리글자입니다. 기본 원리는 3P에세이와 동일합니다. PREP 기법은 글쓰기의 설득력을 향상시키는 도움이 됩니다.

- **Point(핵심메시지)** : 결론으로 주장하는 메시지를 미리 밝힌다. 간결하고 명료한 문장으로.
- **Reason(근거)** : 앞서 말한 메시지 혹은 주장의 근거와 이유를 설명한다.
- **Example(사례)** : 근거와 이유를 뒷받침하는 실제 사례를 1–2가지 설명한다.
  주로 '예를 들면'으로 시작한다.
  혹은 자신의 경험이나 명백한 뉴스나 모두가 아는 정보를 말하면 설득력을 높일 수 있다.
- **Point(핵심 메시지)** : 처음에 말한 핵심메시지나 주장을 다시 한번 강조한다.
  대개 '결론적으로'라는 말로 시작한다.
  '나는 ~~ 생각한다', '따라서 나는 ~~~~을 찬성/반대한다', '따라서 ~~~~게 되어야 한다'
  등 주장을 분명히 한다.

CONTENTS

주제1. 언택트
비대면, 언택트 시대가 왔다 ㅣ 황산 · 9

주제2. 포스트 코로나
감염병과 그 이후, 포스트 코로나 시대를 생각한다 ㅣ 김문경 · 23

주제3. 혐오와 차별
혐오와 차별, 혐오 차별이 없는 세상을 위하여 ㅣ 박기철 · 41

주제4. 온라인수업
온라인수업, 펜데믹 시대에 교실은 필요한가? ㅣ 최원용 · 55

주제5. 기본소득
기본소득, 우리의 미래를 약속하는 대안인가 ㅣ 김미원 · 69

주제6. 디지털 성착취
n번방을 넘어, 디지털 성착취가 없는 세상을 꿈꾸다 ㅣ 황산 · 83

주제7. 청소년 정치참여
청소년 참정권, 민주주의의 미래를 밝히다 ㅣ 고성관 · 95

주제8. 통제사회와 프라이버시
통제사회와 프라이버시, 공익과 개인의 자유 사이에서 ㅣ 황인애 · 111

주제9. 훈육과 학대
체벌이라는 이름으로 행해지는 폭력 ㅣ 이혜은 · 127

주제10. 공유경제
공유인가 독점인가 : 공유경제의 이름으로 키워지는 독점의 그림자 ㅣ 김미원 · 139

주제11. 동물권과 동물학대
동물권과 동물학대, 생명에 대한 감수성 ㅣ 박기철 · 153

주제12. 1인 미디어와 가짜뉴스
1인 미디어 시대, 가짜뉴스가 진짜뉴스를 위협하다 ㅣ 최원용 · 165

 **저자 선생님들의 한 마디**

■ **박기철** (한진연 입시전략연구소 대표) ㅣ 하나의 사회현상에 대해 다양하고 균형 잡힌 시각을 가지고 생각하도록 돕고자 했습니다. 미래사회의 힘, 그것은 바로 창의융합적 사고입니다. 이 책을 따라 읽다보면 미래사회의 주역인 청소년들은 어느새 '생각의 힘'을 가지게 될것입니다.

■ **이혜은** (주. 에스키어학원 대표원장) ㅣ 아는 만큼 보인다는 말이 있습니다. 청소년기에 차곡차곡 잘 쌓아가는 다양한 경험과 교훈, 사회 변화와 현상에 대한 공부는 앞으로 세상을 읽는 새로운 관점과 해답을 찾는데 큰 힘이 될 것입니다.

■ **김문경** (리더십공학자) ㅣ 현재 지구촌의 가장 큰 이슈인 코로나19 팬데믹 사태가 가져온 전대미문의 변화들을 일목요연하게 파악하도록 만들었습니다. 우리 사회의 핫이슈들을 이해하고 스스로 학습하는데 도움이 되길 바랍니다.

■ **황인애** (국어 한국어 교사) ㅣ 현대 사회의 이슈를 스스로 재해석할 수 있는 생각의 힘을 길러 봅시다. 이를 바탕으로 미래 사회를 대하는 태도에 대해 진지하게 고민해 봅시다. 여러분의 맑은 눈, 깊은 눈으로!

■ **고성관** (T.O.P 교육 대표원장) ㅣ 스스로를 견고하게 세우는 힘, 세상을 아름답게 변화시키는 힘은 세상을 바로 보는 시선에서 시작됩니다. 순수하고 정의로운 여러분을 믿고 응원합니다. 이 시대의 진정한 주인공, 청소년 여러분에게 작은 선물이 되길 바랍니다.

■ **김미원** (청소년/학부모 교육전문가) ㅣ 이 책은 학교 공부에 열중하느라 사회 전반적인 여러 이슈에 관심을 가질 기회가 적은 청소년을 위한 교재입니다. 중고등학생이면 누구든 쉽게 읽을 수 있고 다양한 생각의 깊이를 갖게 해주는 마법의 인문학 첫걸음입니다.

■ **최원용** (더 국어논술학원장) ㅣ 빅데이터의 시대, 누구나 볼 수 있는 데이터에서 가장 가치 있는 정보를 찾을 수 있도록 최신 이슈를 중심으로 사고력을 키울 수 있게 만들었습니다.

■ **황산** (『글쓰기의 모험』 저자) ㅣ 두꺼운 사회이슈 책이나 방대한 자료들은 공부효과가 떨어지고 부담만 됩니다. 이 교재는 학생들의 입장에서 가장 필요한 정보들을 추려 담았습니다. 간결하고 명료합니다. 읽고 나면 사회현상의 핵심을 꿰뚫어보는 눈이 열릴 것입니다.

주제 1

언택트

코로나19 이후 비대면이 일상화되고 있다.
'언택트'라는 말이 등장했다.
논란이 되기도 하는 단어이다.
하지만 이 단어를 제대로 이해하면
지금 우리 사회의 현상들과 중요 현안들을 알 수 있다.
언택트가 무엇일까?
왜 '비대면'이라는 좋은 말이 있는데 '언택트'라고 할까?
용어 하나, 개념 하나라도 제대로 알자.
우리는 언택트 기술, 언택트 산업, 언택트 문화가
홍수처럼 번져가는 흐름의 한가운데 있다.

관련주제 및 키워드

비대면, 사회적 거리두기, 언택트 서비스, 언택트 비즈니스,
언택트 디바이드, 디지털 소외

글쓴이 · 황 산

인문학 연구자(Ph.D.) / 코넥교육연구소 소장
한진연 교육이사 / '철학자들과 함께 떠나는 글쓰기의 모험' 저자

비대면,
'언택트' 시대가 왔다

코로나19 바이러스 감염병이 확산되면서 '언택트'(untact)라는 말이 유행하고 있습니다.

언택트(untact)라는 말은 '비대면'이라는 말을 지칭하는 신조어라고 할 수 있습니다. 코로나 19 바이러스가 전 세계로 확산되면서 우리의 일상생활에서 비대면 접촉이 강조되고 있습니다. 전문가들은 언택트만이 지금의 위기를 극복하는 대안이라고 강조합니다. 나아가 미래시대는 '언택트 시대'가 될 것이라고 예언하기조차 합니다. 게다가 우리 사회만이 아니라 전 세계적으로 '언택트 산업'과 '언택트 기술'과 '언택트 교육' 등이 빠른 속도로 확산되고 있습니다. 우리가 원하든 원하지 않든 '언택트 현상'은 우리가 경험하고 있는 삶의 분명한 현실입니다.

언택트는 한국에서만 사용하는 신조어

언택트라는 말은 신조어입니다. 즉 영어사전에는 없는 말입니다. '언택트'(untact)는 영어의 부정사 'un'과 접촉을 뜻하는 'contact'가 합쳐져서 탄생한 단어입니다. 그 뜻은 '신체적 접촉을 하지 않는 방식의 접촉' 즉 비대면 접촉을 말합니다.

사실 untact라는 말이 안겨다주는 의미는 '접촉을 하지 않는다'는 이미지를 풍기고 있습니다. 따라서 우리는 언택트의 정확한 의미를 알아야 합니다. '언택트'는 접촉을 완전히 차단하거나 금지하는 것이 아닙니다. 오히려 얼굴과 얼굴을 마주하는 면대면(面對面) 접촉을 하지 않는 방식의 '비대면(比對面) 접촉'을 뜻합니다.

또 한 가지 꼭 기억해야 할 사실은 '언택트'라는 용어는 우리나라에서만 사용하는 말이라는 것입니다. 즉 해외의 학자들이나 전문가나 언론에서는 'untact'라는 단어를 사용하지 않고 있다는 것입니다. 어떻게 이런 일이 발생한 것일까요? 영어로 만든 합성어인데 영어권에서 사용하지 않고 있다고 하니 이상하지 않을 수 없습니다.

Un+tact / 比對面
not   contact   not to face

언택트 용어는 어떻게 만들어졌나

언택트는 한국인들이 만든 한국식 '신조어'입니다. 최초로 이 단어가 소개된 것은 2018년 10월에 발간된 〈트렌드 코리아 2018〉이라는 책입니다. 김난도 서울대 소비자학과 교수와 연구원들은 2017년부터 이 책을 준비하고 있었습니다. 그들은 당시 유행하던 온라인 비대면 기술을 지칭할 단어를 찾고 있었다고 합니다. 당시 맥도널드 등 오프라인 매장에서는 무인 키오스크(kiosk, 무인정보단말기)를 통해 메뉴 주문을 비대면으로 하기 시작하였고, 온라인 주문과 온라인 상담과 같은 비대면 기술이 본격적으로 확산되고 있었습니다. 그 때 한 연구원이 "이런 기술들을 통합해 '언택트'로 부르자"고 제안하였고 모두가 이를 적절하다고 판단하였습니다. 이를 받아들여 〈트렌드 코리아 2018〉에 그 용어를 사용한 결과 2018년 한국에서 처음으로 '언택트'라는 단어가 등장한 것입니다. 이후 이 단어는 띄엄띄엄 사용되다가 2020년 코로나19 바이러스가 창궐하면서 급격히 사용되기 시작하였고 이윽고 한국사회에서 유행하고 있는 것입니다. [참고자료 : 조선일보, 2020.4.17. 코로나로 뜬 단어 언택트[untact]가 이 사람 작품이었어?]

처음에는 온라인 주문이나 상담에만 사용되던 용어이었는데 이제는 비대면으로 진행되는 모든 사업이나 교육과 활동을 포괄하는 뜻으로 그 의미가 확장되고 있습니다. 따라서 '언택트'는 외래어가 아니라 한국에서 만들어진 '콩글리시'(Konglish = Korean+English)라고 할 수 있습니다. 그 뜻은 '비대면'입니다.

해외에서 '비대면'을 표현하는 용어는 무엇이 있을까?

해외에선 '비대면'을 표현할 때 두 가지 단어를 주로 사용합니다. 그것은 'no-contact'(노컨텍트) 또는 'zero contact'(제로 컨텍트)입니다. '비접촉'을 뜻하는 영단어 '논컨텍트(noncontact)'가 있지만, 코로나19의 상황에서 '전혀 접촉이 없다'는 뉘앙스를 강조하기 위해 'non' 대신에 'no'나 'zero'를 사용한 것으로 보입니다. 아울러 논컨택트(non-contact)와 '터치리스(touchless)' 등 보다 알아듣기 쉽고 의미가 명료한 단어들도 사용되고 있습니다. 다소 어렵지만 알아두면 '비대면'에 대해 보다 폭넓고 정확하게 이해하게 되므로 기억해 두세요.

비대면(比對面) : 얼굴과 얼굴을 마주치지 않음, 사람들간의 신체적 접촉이 이루어지지 않은 사람들 간의 연결 방식. 얼굴을 마주하는 만남이나 접촉을 면대면(面對面, face to face) 혹은 대면(對面)이라고 한다.

언택트(un-tact) : '콘택트(contact: 접촉하다)'에서 부정의 의미인 '언(un-)'을 합성한 말이다. 문자적인 의미로는 '비대면' 혹은 '비접촉'을 의미한다. 처음에 '언택트'는 디지털 기술의 발전을 통해 점원과의 접촉 없이 물건을 구매하는 등의 새로운 소비 경향을 주로 지칭하는 말로 쓰였다. 그러나 코로나 19 사태로 이 용어의 의미가 확장되고 사용이 보편화되고 있다. 즉 일상생활에서 진행하는 비대면 방식의 연결을 총칭한다. 주로 언택트 기술을 사용하여 신체와 얼굴의 접촉이 없는 연결과 소통방식으로 진행되고 있다. 영어 사전에는 없는 단어이다.

코로나19로 급속히 확산되는 비대면 현상

언택트는 코로나19 이전에도 진행되고 있었다

비대면은 코로나19의 세계적 유행이 만들어낸 것이 아닙니다. 코로나19 이전에도 이미 인터넷과 온라인 플랫폼의 확산을 통해 비대면이 점점 확산되고 있었습니다. 이미 인터넷과 스마트폰의 보편화로 스마트폰 앱을 이용하여 온갖 비대면 접촉이 생활화되고 있었습니다. 온라인 쇼핑, 유튜브 활용, 은행 계좌 조회 및 이체, 문화센터 강좌의 수강 신청, 외화 구매, 주식 거래, 버스 · 철도 승차권 및 항공권 예매, 전자책(e-book) 구독, 원격 진료, 재택근무 등 기초적인 비대면 일들이 부분적으로 이루어졌습니다.

이는 우리 청소년들의 일상적인 경험을 통해서도 알 수 있습니다. 우리들도 그동안 다른 사람과 접촉하고 대화를 하는 행위(톡, 온라인대화, 게임), 여러 교재나 학습프로그램을 통해 공부를 하는 일, 음악이나 영화나 게임이나 취미 문화생활을 하는 많은 영역에서 이미 비대면 접촉을 경험하여 왔습니다.

이렇듯 우리가 이미 익숙한 비대면이 코로나19를 통하여 사회 전체로 전면화되고 가속화되고 있는 것입니다. 따라서 앞으로 우리의 생활에서 온라인을 통한 연결과 일 처리가 더욱 심화하고 일상화될 것이라고 예상할 수 있습니다.

언택트 기술과 서비스의 확산

언택트 유행이 가장 두드러지게 나타나는 곳은 언택트 산업 영역입니다. 코로나19의 상황에서 사람과 사람이 직접 만나지 않는 기술이나 제품을 제공하는 서비스 산업이 비약적으로 발전하고 있는 중입니다. 이는 주로 무인, 셀프, 자동화 트렌드를 가능하게 하는 디지털 기술을 통하여 이루어집니다. 이와 관련된 기술들을 총칭하여 '언택트 기술'이라고 합니다. 그리고 이러한 언택트 기술을 사용하여 유통, 금융, 교육, 이동 등의 서비스를 제공하는 기업경영을 언택트 서비스라고 합니다.

언택트 서비스를 통하여 사람들은 가게나 쇼핑몰에서 물건을 사지만 점원을 만나지 않습니다. 그리고 가게에 직접 방문하는 구매행위보다 온라인 쇼핑이 보다 일반화됩니다. 택시를 타더라도 택시 기사와 대화를 나눌 필요가 없고 현금을 주고받지 않습니다. 가령 카카오 택시는 택시를 스마트폰 앱으로 부르고, 카카오 페이로 직접 결제하고, 찾아온 택시를 타고, 도착지에서 내리기까지 기사와 대면하거나 대화를 나누지 않도록 하는 언택트 서비스를 제공하고 있는 셈이지요. 나아가 학교나 학원의 수업을 받지만 온라인으로 진행하고 선생님이나 교실의 친구들을 만나지 않게 됩니다. 은행 서비스를 이용하고 있지만, 은행원을 만나지 않고 돈을 송금하고 돈을 받고 있습니다. 햄버거 가게나 식당에서 주인과 접촉하지 않고 음식을 주문하고 음식값을 결제합니다. 이 모든 것이 언택트 기술로 가능하게 된 것이고, 이러한 서비스 사업이 언택트 서비스인 것입니다.

사실 대면 서비스에서 비대면 서비스로의 전환은 코로나19 바이러스의 확산 이전에도 산업 전반에 걸쳐 널리 일어나고 있는 현상이었습니다. 코로나19 사태로 '사회적 거리두기'가 강조되면서 언택트 서비스는 더욱 급증하고 있으며 사회의 전 영역으로 확산되고 있는 것입니다. 따라서 언택트 서비스는 일시적인 증가에 그치지 않고 점점 확산되고 그 확산의 속도도 가속화될 것으로 전망됩니다.

언택트 서비스의 확장이 가장 두드러지는 곳은 온라인 쇼핑입니다. 이는 우리나라 유통산업의 구조를 크게 바꾸어 놓고 있습니다. 우리 사회에서 2013년에는 전체 소매 판매액에서 온라인 쇼핑이 차지하는 비중이 10.9%였으나, 2020년 2월에는 32.7%에 이르렀습니다. 코로나19 사태가 온라인 쇼핑의 선호도를 크게 확장시키고 있다는 통계청의 통계가 발표되고 있습니다.

그리고 오프라인 유통 매장에서도 점원을 만날 기회는 이미 줄어들었습니다. 햄버거나 피자나 커피숍 등 여러 프렌차이즈들만이 키오스크를 도입하여 주문과 결제과정을 대면화하고 있는 것이 아닙니다. 중소 자영업자들이나 작은 동네 가게에서도 점점 키오스크를 활용하고 있는 추세입니다. 사업주 입장에서는 직원의 수를 줄이는 효과가 있지만 그 파장으로 실업이 늘어나게 됩니다. 이는 비대면의 부정적인 효과라고 할 수 있습니다.

은행 등 금융영역에서는 그 현상이 보다 두드러집니다. 이미 인터넷뱅킹의 도입으로 은행을 직접 방문하는 횟수가 급격히 줄어들었는데, 이제는 인터넷전문은행 시대가 열리면서 은행 지점이나 은행건물이 따로 없는 은행이 생겨나고 있습니다. 그 결과 은행 직원을 만나지 않아도 거의 모든 금융서비스를 손안에서 처리할 수 있게 됩니다. [참고자료 : 중앙일보, 2020.4.21. 언택트가 표준이 된 시대 … '언택트 서비스'가 경쟁력]

온라인 원격 수업

온라인 원격수업은 2020년 우리 모두가 직접 경험한 비대면 교육방식이었습니다. 2020년 1학기에 코로나19 감염 위험을 막기 위해 온라인개학을 하고 행한 온라인수업은 학교의 기본 교과를 온라인으로 진행하였다는 점에서 이전의 원격수업과 전혀 다른 것이었습니다. 코로나19 이전에 행해지던 온라인수업은 보충학습이나 인터넷강의(인강)와 같은 일방향식 강의 중심이었지요. 그런데 이제는 온라인 소통 기술을 이용해 교사와 학생이 온라인으로 얼굴을 보며 대화하는 쌍방향 원격 대화와 수업이 가능한 방식으로 이루어졌습니다. 이러한 교육방식의 변화는 학교 교육만이 아니라 성인들의 인문교양 교육이나 각종 교육 프로그램들에서도 일어나고 있습니다. 주로 오프라인 즉 강의실이나 강당에서 행하던 대면 방식의 강좌가 온라인으로 대체되거나 온라인-오프라인 겸용 방식으로 진행되는 현상이 크게 확산되고 있습니다. 앞으로 도서관이나 지역 문화센터의 각종 평생교육 강좌도 주로 원격교육으로 진행될 것으로 전망됩니다. [참고자료 : 중앙일보, 2020.4.21. 언택트가 표준이 된 시대 … '언택트 서비스'가 경쟁력]

국제회의와 기업 및 단체들의 비대면 회의

언택트 기술에 기반한 비대면 연결현상은 학교와 정부기관, 문화예술, 기업 채용방식 등 다양한 영역에서 큰 변화를 일으키고 있습니다. 특히 수많은 회의들이 비대면 방식으로 전환되고 있습니다.

2020년 코로나19 사태로 G7 재무장관회의나 G20 정상회담도 화상으로 진행되었습니다. 재택근무를 허용하는 기업들이 늘어나고 여러 회의들을 비즈니스용 원격근무 솔루션, 화상회의 플랫폼을 활용하기 시작했습니다. 정부나 기업만이 아니라 여러 사회 단체나 조직들의 회의도 직접 대면하는 회의를 줄이고 온라인 회의를 늘이고 있습니다. 이 모든 과정은 온라인 플랫폼을 이용해 진행되고 있습니다. 나아가 직원의 채용을 위한 채용과정에서 언택트 채용방식이 급증하고 있다고 합니다. 직접 채용현장에 모여서 시험을 보고 인터뷰를 행하다가 서류 접수 – 시험 – 인터뷰의 전 과정을 온라인으로 행하는 추세가 확산되고 있는 것입니다. 즉 온라인 필기시험과 화상 면접을 통해 인재를 채용하는 것입니다. [참고자료 : 중앙일보, 2020.4.21. 언택트가 표준이 된 시대 … '언택트 서비스'가 경쟁력]

인간관계와 소통 방식의 변화

비대면은 우리의 대인관계에 적잖은 영향을 미치고 있습니다. 우선 다른 사람을 직접 만나는 모임의 횟수가 크게 줄었습니다. 그리고 큰 규모의 모임이 제한되고 있고, 그런 모임 계획이 취소되고 있습니다.

특히 시민들이 문화적인 향유를 하거나 함께 즐거움을 누리는 현장이 급격히 줄어들고 있습니다. 문화예술 및 스포츠 영역이 대표적입니다. 프로 축구나 프로 야구 등 대규모 스포츠 게임이 관중이 없는 시합을 하기도 하였습니다.

수많은 관중을 모아놓고 개최하던 콘서트도 형태가 급변하고 있습니다. 사실 대부분의 문화예술 공연은 공연 자체가 없어졌습니다. 방탄소년단(BTS)이 온라인 콘서트를 연 것은 주목할만한 일입니다. 많은 문화예술인과 가수들도 관중이나 방문자가 없는 문화예술 서비스를 제공하고자 애쓰고 있습니다.

비대면, 필수인가 선택인가?

언택트는 코로나19 시대에 생존하기 위한 사회적 거리두기의 과정에서 행하는 일시적 현상일까요? 아니면 그 누구도 막을 수 없는 도도한 시대적 흐름이자 트랜드일까요? 한번 생각해 봅시다.

코로나19 이전에는 '언택트'가 나홀로 시대의 '편의'와 '경제적 이익'을 위한 서비스였다면 코로나가 창궐하고 있는 지금 언택트는 생존을 위한 필수요소인 것처럼 보입니다. 만일 코로나19 사태가 단기간에 종식되지 않는다면 언택트는 불가피하게 우리의 삶을 크게 변화시킬 것이 분명합니다.

나아가 코로나19가 종식된다고 할지라도 언택트 문화는 사라진다고 단언할 수 없습니다. 코로나19 대응과정에서 이미 생활화된 언택트 라이프스타일은 저절로 사라지지 않는 특징이 있습니다. 이는 코로나19 대응과정에서 비대면 트랜드가 모든 사람에게 익숙해지고 우리 삶 깊숙이 자리를 잡아 하나의 생활방식으로 정착되기 때문입니다. 더구나 다양하고 고도화된 언택트 기술이 제공되고 전 사회에 시스템화되면 그 기술을 버리고 다시 과거로 되돌아가는 것은 그리 쉽지 않습니다. 게다가 그럴 필요도 없어질 것입니다. 한 때 '언택트'는 선택 사항으로 보였지만 이제는 선택이 아닌 필수가 되어 가고 있습니다. 그러므로 현재만이 아니라 미래에도 언택트는 필수적이라고 할 수 있습니다.

언택트가 초래하는 여러 가지 문제점들 짚어보기

언택트는 그 장점에도 불구하고 여러 문제점들을 파생시키고 있습니다. 언택트가 안겨다 주는 감염병 방역 효과와 생활에서의 편리 등의 효과가 있지만 그 문제점들을 예상하고 해결하는 것이 필요할 것입니다.

먼저, 비대면은 인간관계의 축소나 변형을 초래하게 됩니다. 우선 다른 사람을 만나는 횟수가 줄어들어 인간관계가 달라집니다. 그리고 그 접촉과 만남의 방식이 디지털 기술을 바탕으로 온라인에서 주로 이루어지기 때문에 만남을 경험하는 방식이 달라질 것입니다. 사람에 따라서 감정적 단절과 정서적 소외 현상이 일어날 수도 있습니다. 전문가들은 코로나19로 인한 비대면문화의 확산은 '디지털 초개인주의사회'로 전환하게 할 것이 분명하다고 말합니다.

둘째, 비대면은 우리로 하여금 공동체적인 경험의 단절을 초래할 것입니다. 학교에서 체육대회를 하거나 동아리 활동을 하거나 축제를 마음대로 할 수 없습니다. 물론 비대면문화는 가족들과의 유대를 보다 밀접하게 할 것입니다. 그러나 가족을 넘어 지역 사회나 학교 공동체나 이웃과의 관계, 전사회적인 공동체적인 유대는 이전과는 크게 달라질 것입니다. 가족과 보내는 시간이 많아지면서 가족애가 두터워지는 반면, 갈등을 경험하는 경우도 많이 발생하게 될 것입니다. 하지만 공동체적 경험의 축소는 공동체가 완전히 사라지는 것을 의미하는 것이 아닙니다. 오히려 진정한 우정과 공동체와의 만남에 대한 갈망을 불러일으킬 것입니다. 따라서 작고 친밀한 공동체적인 연결을 시도하는 다양한 흐름들이 일어날 것으로 예견됩니다. 이는 주로 혈연과 마을과 가까이 연결되어 있는 소공동체나 작은 집단을 중심으로 진행될 것입니다.

셋째, 비대면은 우리의 성격이나 감정구조에도 영향을 미칩니다. 미시간 대학의 연구에 의하면, 1979년부터 2009년의 30년 사이에 18세에서 25세의 청년들의 공감능력은 48%나 감소했다고 합니다.[코로나 이후의 삶은 '언택트'? 우리가 모르는 진실. 강인규. 오마이뉴스, 2020.6.10] 이 조사는 비대면 문화에 익숙한 사람들에게서 공감능력이 급격히 사라지고 있다는 사실을 보여줍니다. 주로 인터넷을 통하여 정보를 취득하고, 개인적으로 정보를 종합하여 판단을 하고, 인간관계조차 비대면 온라인 접촉에 익숙한 젊은 세대들의 경우 '공감능력'이 기성세대에 비해 현격하게 떨어진다는 것입니다. 비대면 기술과 비대면 문화는 우리들 스스로가 알지 못하는 사이에 우리의 성격이나 공감 능력에 영향을 미치고 있는 것입니다. 이는 디지털 세대라고 일컬어지는 젊은 세대의 경우 보다 두드러지는 현상이라고 할 수 있습니다.

넷째, 디지털 소외현상이 일어납니다. 갑작스럽게 닥쳐온 코로나19 사태는 디지털 소외라는 새로운 문제를 일으키고 있습니다. 즉 디지털 기술과 장치에 대해 '불편함'을 호소하는 사람들도 늘어나고 있는 것이지요. 이는 주로 디지털 기기에 익숙하지 않은 중장년층, 노년층에게서 발생하는 현상입니다. 이러한 디지털 격차로 인한 소외현상을 '언택트 디바이드(Untact divide)'라고 합니다. 예를 들면, 아날로그 세대인 노년 계층은 키오스크 사용에 적잖은 어려움을 겪을 수 있습니다. 가령 초등학교 저학년의 학생들의 경우 부모의 도움이 전혀 없이 온라인 학습을 스스로 잘 해낼 수 있을까요? 아직 나이가 어려서 컴퓨터나 온라인 프로그램에 익숙하지도 않고, 집중력이 떨어져서 온라인 학습을 스스로 해내기가 어려울 것입니다. 특히 인터넷이 가정에 설치되어 있지 않은 소외 계층의 경우 디지털 사회에서의 적응이 어려움을 겪고 정규 교육에서조차 소외될 수 있습니다.

다섯째, 이외에도 대량 실업이 일어나거나 만성적인 비정규직 문제도 발생하고 있습니다. 코로나19 사태로 인한 경제 위축으로 인한 실업도 일어나지만 디지털 소통과 언택트 서비스들로 인한 실직과 실업이 발생하고 있습니다. 이는 그동안 대면 서비스를 하던 근로자들이 필요 없게 되기 때문입니다. 이에 대한 사회적 대책이 필요하고 정부가 이를 준비하고 있습니다.

이외에도 언택트는 많은 문제점들을 초래할 것입니다. 따라서 언택트를 통해서 발생하는 부정적 현상들을 예상하고 이를 보완하고 극복하기 위한 개인적·사회적 노력들이 지속되어야 할 것입니다.

언택트 시대에 무엇을 준비해야 하나?

언택트는 이미 우리의 현실이 되었고 원하든 원하지 않든 전사회적으로 급속하게 확산되고 있습니다. 언택트가 피할 수 없는 현실이라면 무엇을 준비해야 할까요? 함께 생각해 봅시다.

첫째, 언택트를 위한 사회적 인프라를 갖추어야 할 것입니다. 언택트를 위한 사회적 인프라가 부족한 상황에서 비대면을 전면화하면 소통의 단절과 사회적 흐름의 차단 현상이 일어나게 됩니다. 우리나라는 디지털 사회적 인프라가 지구촌에서 상위권에 속하는 나라입니다. 그러나 사회적 거리두기와 함께 진행되는 전사회적 비대면 실천은 소통을 위한 사회적 인프라를 보다 신속하고도 전면적으로 구축하도록 요청하고 있습니다.

둘째 언택트가 단순한 비대면 수단이 아닌 새로운 연결 수단이 될 수 있도록 해야 합니다. 원래 언택트는 비대면, 비접촉을 목적으로 하지만 그것이 단지 만남을 대체하는 데에 그쳐선 안 될 것입니다. 온라인 개학처럼 대면이 어려운 현실을 극복하기 위한 도구로서 비대면을 활용하는 것이 바람직합니다. 하지만 반드시 대면을 하여야만 진행될 수 밖에 없는 성격의 만남이나 일들이 있기 마련입니다. 가령 친구를 만나는 일, 공동체나 학교의 축제, 음악이나 미술 등의 레슨이나 기술 전수 등은 대면이 없이는 그 한계가 분명한 일입니다. 기술 발전은 새로운 방식의 대면을 가능하게 하지만, 이는 연결을 효율적으로 하기 위한 도구이어야 합니다.

셋째, 디지털 리터러시(digital literacy) 역량을 갖추어야 합니다. 디지털 리터러시란 디지털 기기를 활용하여 원하는 작업을 실행하고 필요한 정보를 얻을 수 있는 지식과 능력을 말합니다. 개인적으로 이러한 디지털 역량을 갖추고 이에 능숙하면 비대면 사회에서 보다 잘 적응하여 활동할 수 있을 것입니다. 앞으로 언택트 환경으로 나아가는 새로운 변화에 잘 적응해야 살아남을 수 있는 시대가 왔다고 말하기조차 합니다.

넷째, 디지털 소외현상을 최소화할 수 있는 사회적 배려를 행하여야 합니다. 디지털 소외 그룹이나 소외계층이 생기지 않도록 사회 전반적으로 교육과 정보의 격차를 줄여야 할 것입니다.

깊이 생각하기 : 생각할 질문과 토론 주제

 질문

Q1. 사회적 거리두기와 '언택트'는 무슨 차이가 있을까요? 그리고 이 둘은 어떤 관계가 있을까요? 생각해보고 간단히 정리해 보세요.

Q2. 비대면의 일상화는 언제나 인간관계의 단절을 초래하는 것일까요? 아래의 주장에 대해 판단해 보면서 인간관계에 어떤 변화가 일어날지 생각해봅시다.

– 비대면이 일상화되어도 중요한 만남은 직접 만나 대면하게 될 것이고, 가족이나 친밀한 사람들과의 교류는 더 깊어질 것이다.
– 비대면은 인간관계를 단절시키는 것이 아니라 다른 방식으로 접촉하는 대안적 소통을 말한다.
– 인간관계의 변화, 소통방식의 변화를 초래하지만 그것이 관계의 파괴는 아니다.
– 하지만 친밀한 관계나 대면을 통해 이루어지는 경험의 공유는 크게 줄어들 것이다.
– 하지만 그러한 단점들을 보완하고 극복하는 기술들이 발달될 것이다.
– 결국 인간관계는 개인의 욕구와 필요, 사회적 연결망에 의해 좌우된다. 인간관계의 방식이 변하는 것이지 단절로 이어지는 것이 아니다.

Q3. 언택트 시대에서 우리는 어떻게 다른 사람들과 보다 밀접하고 효율적으로 접촉할 수 있을까요? 내가 생각하는 몇 가지 지침을 만들어 보세요.

• 언택트 문화가 우리의 인간관계에서 만들어낼 좋은 영향들은 어떤 것들이 있을까요? 생각해 보고 정리해 봅시다.

장점	단점
접촉의 편리성 신속성 직접 접촉에 소요되는 비용 절감 공간적 거리를 뛰어넘는 소통 비대면을 통한 감염병 예방(안전) 비대면 기술을 통한 다양한 비즈니스 창출	인간관계의 축소 및 단절 얼굴과 눈빛을 마주하는 공감적 경험의 부족 공동체적 결속의 약화 혹은 변화 디지털 소외 대량 실업 등 사회적 문제 언택트 기술을 지닌 플랫폼기업의 독점

더 깊은 학습을 위한 자료들

[책]

언컨택트(더 많은 연결을 위한 새로운 시대 진화 코드). 김용섭(칼럼니스트) 저, 퍼블리온. 2020. 4. 20

언택트 심리학(코로나에 숨은 행동심리). 정인호(작가) 저, 청출판. 2020. 7. 10.

클라우드 : 포스트코로나, 비대면 사회의 기술혁명. 윤혜식 저, 미디어샘, 2020.7.

뉴노멀로 다가온 포스트 코로나 세상. 고환상 권한섭 김상묵 김승범 김용찬 김찬배 오성호 저, 지식플
랫폼. 2020. 7. 1.

[언론기사]

금융도 쇼핑도 취미생활도 '언택트'… 디지털 격차는 풀어야 할 과제. 정아름. 조선일보, 2020. 4. 16

언택트(Untact), 단절이 아닌 새로운 형태의 연결이 되기를. DIGITAL iNSIGHT. 전찬우, 2018. 6. 2.

언택트 시대의 이타적 인간. 이명희. 국민일보, 2020. 5. 30.

포스트 코로나 시대… '언택트'는 선택 아닌 필수. 히트뉴스. 류충열. 2020. 5. 25.

코로나 이후의 삶은 '언택트'? 우리가 모르는 진실. 강인규. 오마이뉴스, 2020.06.10.

언택트 마케팅(Untact Marketing), 진정호. 연합인포맥스, 2018.01.11.

"떨어져 있어도 연결은 그대로"…언택트 넘어선 '온택트' 시대. 김영신. 연합뉴스, 2020. 4. 21.

[논문]

코로나19, 언택트 사회를 가속화하다. 배영임, 2020.

"언택트 시대, 새로운 일하기 방식" 월간HR insight 2020. 6. 특집.

[영화 및 동영상]

언택트 시대의 신풍속도. 생활의 발견 2020. 7. 15. 네이버TV.

앞서 제시한 〈깊이 생각하기〉의 여러 질문과 토론 주제 중 1개를 정하여 '제목'을 만들고, 자신의 생각을 짧은 글로 써보십시오.

_____

주제 2

포스트 코로나

포스트 코로나 시대가 도래했다고 한다.
코로나19 바이러스는 세계적으로 확산되고 있고
팬데믹 상황이 선언되었다.
코로나19는 지금 우리의 현실이자 미래와 밀접하다.
포스트 코로나 시대를 이해하고 예견해야 한다.
개념도 알아야 하지만 그 흐름과 추이를 예상하여야 한다.
우리는 포스트 코로나 시대를 살아가고 있다.
지금 나의 삶에 직접 영향을 미치고 있다.
이 주제는 단지 학습의 주제가 아니라
상식이다.
삶의 필수 과제이자 무기이기도 하다.

관련주제 및 키워드

감염병, 펜데믹, 세계보건기구(WHO), 패닉 현상,
뉴 노멀, 뉴 트랜드

글쓴이 · 김문경

국내 1호 리더십공학자 / 기술경영조직의 조직개발을 위한 기업강의 및 연구활동
현, ㈜더키움그룹 대표이사 / 현. 경기도 인재개발원 전임교수 / 현, 한국융합경영학회 집필이사
방송통신대 프라임칼리지 연구교수 / 아시아나IDT S팀 팀장
청소년 교육에 관심 많은 두 아들(고3, 초5)의 엄마

감염병과 그 이후, 포스트 코로나 시대를 생각한다

　　코로나19 바이러스는 인류의 역사 속에서 종종 등장하여 재앙을 일으킨 감염병의 일종입니다. 지금 전 세계로 확산되어 세계보건기구(WHO)에 의해 팬데믹 상황이 선포되었고 지구촌 모든 국가는 이 감염병과 전쟁을 벌이고 있습니다. 코로나19의 여파는 정치, 경제, 문화, 사회, 교육, 의료, 국제관계 등 모든 영역에 변화를 일으켰고, 각 개인의 일상생활조차 변화시키고 있습니다. 이제 다시는 과거로 돌아갈 수 없는 뉴노멀(New Normal) 시대가 시작되었다고 합니다. 게다가 코로나19가 단기간에 종식되지 않고 장기화될 것이라는 전망이 우세합니다. 따라서 코로나19 감염병 이후, 즉 포스트 코로나 시대에 대한 예견과 전망이 중요한 관심이 되고 있습니다. 이에 대해 함께 생각해 봅시다.

뉴 노멀(New normal) : 시대변화에 따라 새롭게 부상하는 표준을 지칭하는 말이다. 주로 경제 위기 이후 5~10년간의 세계경제를 특징짓는 현상, 과거에 대해 반성하고 새로운 질서를 모색하는 시점에 등장한다. 2008년 글로벌 경제위기 이후 저성장, 저소비, 높은 실업률, 고위험, 규제강화, 미국 경제 역할 축소 등으로 세계경제에 나타나는 뉴노멀이 논의된 바 있다. 과거의 사례로는 대공황 이후 정부 역할의 증대, 1980년대 이후 규제완화, IT기술 발달이 초래한 금융혁신 등이 대표적이다. 코로나 19로 인한 뉴노멀은 이들 변화를 능가하는 전면적이고 일상적인 뉴노멀을 예고하고 있다.

포스트 코로나(Post Corona) : 코로나 이후 시대를 말한다. 영어 접두사 post는 '~이후'를 말한다. 즉 포스트 코로나는 'After Corona'의 의미이다. 'post'와 반대의 뜻을 가진 접두어는 'pre'(~ 이전)이다.

세계적 감염병(Pandemic) 역사와 사례

유사 이래 우리는 인류를 전멸시키려는 전염병과 끝없는 사투를 벌여왔습니다. 이 과정에서 수많은 사람들이 안타깝게 목숨을 잃었지만 그래도 인류는 살아남았습니다. 코로나 19처럼 전 세계적인 질병의 대유행 상태인 '팬데믹'을 일으키며, 인류를 큰 위기로 내몰았던 전염병들은 무엇이 있었을까요? 감염병의 역사를 알면 우리가 겪고 있는 코로나 팬데믹 이후의 세계를 짐작하고 준비할 수 있을 것입니다.

고대	**1) 아테네의 몰락을 가져온 아테네 역병(Plague of Athens)** 인류 역사상 기록된 최초의 감염병은 기원전 430~420년에 그리스 아테네에서 발생된 '아테네 역병(Plague of Athens)'을 들 수 있습니다. 이 역병은 펠로폰네소스 전쟁(기원전 430년전) 2년차에 아테네의 승리가 눈앞에 있을 때 아테네 국가 자체를 황폐화 시켰던 전염병이었습니다. 이 전염병으로 인해 약 75,000명~100,000명이 사망했습니다. 이 질병은 아테네 사회에 심각한 영향을 끼쳤고, 법치주의와 종교적인 신념의 약화를 가져왔습니다. [출처: 위키백과] **2) 로마 군단을 뒤흔든 안토니우스 역병(The Antonine Plague)** 서기 165년~180년에 이탈리아에서 발생한 이 감염병은 '갈렌의 전염병'이라고도 부릅니다. 이 전염병은 갈리아와 라인강을 따라 로마 군대의 각 군단으로 퍼졌고, 로마에서만도 하루에 2,000명이 사망했으며, 총 사망자는 5백만명으로 추산되었습니다. 일부 지역에서는 인구 3분의 1이 사망했으며, 로마 군대를 황폐화 시켰습니다. 이 병은 로마 문화와 문학에 영향을 미쳤으며, 인도양의 인도-로마 무역 관계에 심각한 영향을 미쳤을 것으로 추정됩니다. [출처: 위키백과]
중세	**3) 제국을 붕괴시킨 유스티니아누스 역병(Plague of Justinian)** 이 병은 기원전 541년~750년에 이집트에서 발생하였습니다. 6세기 동로마제국의 황제였던 유스티니아누스 1세 재위 기간인 541년, 당시 동로마제국 영토였던 이집트의 펠루시움항에서 처음 유행이 보고된 이 역병은 불과 2년 사이에 당시 세계 인구의 절반에 가까운 3천만~5천만 명의 목숨을 앗아갔습니다. 감염의 요인은 페스트균이라고 추후에 알려져 있습니다. 급속히 확산돼 동로마제국 절반에 이르는 인구를 죽음으로 몰아넣었습니다. 이 역병은 처음 유행이 지나간 뒤에도 수십 년 간격으로 반복해 나타나 피해를 주다가 750년 유행을 마지막으로 완전히 사라졌습니다. 결국 질병으로 인해 로마제국 멸망에 가장 큰 영향을 미쳤다고 할 수 있습니다. [출처: 위키백과] **4) 인류 최악의 감염병, 흑사병(Black Plague)** 역사상 가장 많은 사람을 죽음으로 내몬 것은 흑사병(페스트)이었습니다. 흑사병(黑死病, Black Death, Pestilence, Great Plague, Plague, Black Plague)은 14세기 유럽에서 7500만~2억 명의 목숨을 앗아간 인류사상 최악의 범 유행이었던 질병이었습니다. 흑사병으로 유럽의 총 인구의 30~60%가 목숨을 잃었다고 합니다. 흑사병 이전의 세계 인구는 4억 5천만 명 정도로 추산되는데, 14세기를 거치며 3억 5천만 명-3억 7500만 명 정도로 거의 1억 명이 줄었습니다. 14세기 페스트 유행은 유럽사에서 종교사, 사회사, 경제사에도 큰 영향을 미쳤습니다. [출처: 네이버지식 백과]

근대	**5) 런던의 공포, 런던 대역병** 1665~1666년 유행했던 영국 런던에서 발생한 감염병으로 '런던 대역병'이라고 합니다. 18개월에 걸친 런던 대역병으로 죽은 사람의 수는 약 100,000명으로, 당시 런던 인구의 25%에 달했습니다. [출처: 네이버지식 백과] **6) 아직도 출현하는 콜레라 팬데믹(The first cholera pandemic)** 1817~1824년에 인도 뱅갈에서 발생했던 '콜레라'입니다. 콜레라는 매년 300만~500만명이 감염돼 10만명 이상의 생명을 앗아가는 치명적인 설사질환으로, 영국 군인이 대거 콜레라에 걸려서 전 유럽이 이 병에 주목하게 되었습니다. 1960년대 이전의 균은 완전히 사라지고 유전자가 크게 다른 새로운 균이 1962년 이후 생겨나 지금까지 세계 곳곳에서 변이를 거듭하며 창궐하고 있습니다. 특히 2010년 1월 아이티 대지진 후 30만명 이상의 사람들이 감염돼 약 5,000명이 목숨을 잃기도 했습니다. [출처: 네이버지식 백과]
현대	**7) 20세기 최악의 감염병, 스페인 독감(Spanish flu)** 스페인 독감은 1918~1920년에 유행했으며, 20세기에 가장 위세를 떨친 감염병이었습니다. 원래는 스페인이 발병지는 아니지만, 제1차 세계 대전 연합국은 이를 '스페인 독감'으로 불렀습니다. 이 스페인 독감으로 인해 전세계 인구의 약 3~6%가 죽었으며, 일부는 걸린 지 2~3일 만에 사망에 이르는 경우도 있었습니다. 1918년과 1919년 사이에 약 5,000만 명이 희생된 것으로 알려졌는데 이는 제1차 세계 대전의 사망자수보다 3배나 많은 숫자였습니다. 제1차 세계 대전은 서둘러 매듭지어졌고, 평화 조약이 맺어졌습니다. 이 일을 계기로 독감 예방 접종 문화가 시작되었다고 할 수 있습니다. [출처: 위키 백과] **8) 에이즈(HIV/AIDS)** 1966~1972년까지 중서 아프리카에서 대유행 했던 질병으로 '후천성 면역결핍 증후군'이라고도 부릅니다. 그 원인은 인간면역결핍 바이러스(HIV)입니다. HIV 바이러스는 인간의 면역체계를 공격하여 AIDS(선천적 면역 결핍증상)을 일으킵니다. 비록 최근에 와서 치료제와 예방법이 개발되었으나, 이 질병은 가장 병세가 심각했던 2005년에만도 310만명의 사상자를 낸 정도로 무서운 전염병이었습니다. [출처: 네이버지식 백과] **9) 중증급성호흡기증후군(SARS)** 2003년 3월 중국 광동성에서 발생해 아시아 · 유럽 · 북아메리카 등으로 확산된 호흡기 계통의 질환인 '중증급성호흡기증후군(Severe Acute Respiratory Syndrome, SARS)'이라고 부릅니다. 수개월 만에 홍콩, 싱가포르, 캐나다 등 전 세계적으로 확산되었던 신종 전염병으로, 사스의 원인 병원체는 사스 코로나바이러스(SARS-associated coronavirus)입니다. 발열, 호흡기 및 폐렴 증후가 대표적인 증상이라고 할 수 있습니다. 이 바이러스를 통해 전 세계적으로 약 775명이 사망하였습니다. [출처: 네이버지식 백과] **10) 신종 플루로 부르는 신종인플루엔자 A(H1N1 Flu)** 이 병은 2009년 멕시코에서 처음 발생한 것으로 H1N1 또는 신종플루로 부릅니다. 처음에는 '돼지인플루엔자(돼지플루)' 또는 '돼지독감'이라고 하였으나 돼지와 관련이 있다는 증거가 없어 세계보건기구(WHO)의 공식 명칭으로 사용하는 '인플루엔자 A(H1N1)'로 통일되었습니다. 감염병 발생 이후 2009년 5월 19일 현재 전 세계 40개국에서 확진환자 9830명이 발생하였고 79명이 사망하였습니다. [출처: 위키 백과]

11) 한국에도 찾아온 메르스(MERS-CoV)

2012년 4월부터 사우디아라비아 등 중동지역을 중심으로 발생한 급성호흡기 감염병인 '메르스(Middle East Respiratory Syndrome, MERS-CoV)'가 있습니다. 메르스코로나바이러스(MERS-CoV)의 감염에 의한 바이러스 질환으로, 이전까지 사람에게서는 발견되지 않았던 새로운 종류의 바이러스였습니다. 명확한 감염원이 확인되지 않았으나, 박쥐나 낙타 등 동물에 있던 바이러스가 사람에게 2차 감염되었을 가능성이 제기되었습니다. 메르스 전염은 환자가 기침 · 재채기를 하거나 말할 때 나오는 침에 바이러스가 묻어 나와 공기 중으로 전파되는 비말 감염으로 이뤄집니다. 한국에서는 2015년 5월 20일 바레인에서 입국한 한국인 A씨가 메르스 확진자로 확인되면서 국내 첫 메르스 환자가 발생했습니다. 그 이후 한 달도 되지 않아 감염자가 100명을 넘어섰습니다. 총 186명이 감염됐으며 이 중 38명이 사망하면서, 국내 메르스 치사율은 20.4%로 나타났습니다. [출처: 네이버지식 백과]

12) 21세기 최초의 펜데믹, COVID-19

최근 2019년 중국 우한에서 발생되어 전 세계에 사상자가 현재까지 엄청나게 쏟아지고 있는 'COVID-19'입니다. 이번에 발생한 이 감염병은 새로운 유형의 코로나바이러스(SARS-CoV-2)에 의한 호흡기 감염질환입니다. 코로나바이러스감염증-19는 감염자의 비말(침방울)이 호흡기나 눈 · 코 · 입의 점막으로 침투될 때 전염되어 약 2~14일(추정)의 잠복기를 거친 뒤 발열(37.5도) 및 기침이나 호흡곤란 등 호흡기 증상, 폐렴이 주 증상으로 나타나지만 무증상 감염 사례도 드물게 나오고 있습니다. [출처: 네이버지식 백과]

[1411년 토겐부르크 성서에 그려진 흑사병 환자]

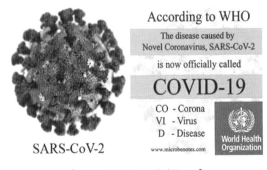

[코로나바이러스 감염증-19]

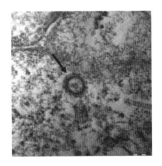

[국내 코로나19 환자의 바이러스 사진]

'팬데믹' 선언, 코로나19 감염병의 세계적 확산

코로나19 감염병이 세계적으로 확산되자 2020년 3월 11일 세계보건기구(WHO)는 팬데믹 상황을 선언했습니다. 팬데믹 선언은 감염병의 세계적 대유행을 알리는 공식적인 선언을 말합니다. 팬데믹(pandemic)이라는 말은 영어 pan(모든)과 demos(군중)의 합성어입니다. 즉 지구상의 모든 사람에게 광범위하게 영향을 미치는 감염병을 뜻합니다.

팬데믹(Pandemic)은 WHO의 6단계 전염병 경보단계 중 최고 단계에 해당합니다. 이와 관련되는 용어로 '엔데믹(endemic)'과 '에피데믹(epidemic)'이 있습니다. '풍토병'을 뜻하는 '엔데믹(endemic)'은 en(속, 內)과 demos(군중)의 합성어이고, '유행병'을 뜻하는 '에피데믹(epidemic)'은 epi(달라붙은)과 demos(군중)의 합성어입니다. 4단계에 해당되는 에피데믹(Epidemic)은 전염병이 한 국가, 혹은 하나의 대륙에서 빠르게 퍼지는 상황이라면, 팬데믹은 세계 각국을 이동하며 대유행하는 상황입니다. 감염병이 단지 일개 지역이나 국가만이 아니라 전 세계적인 유행병으로 확산될 경우 WHO는 '팬데믹(pandemic)' 선언을 통해서 이를 경고하고 국제적인 협력을 통하여 감염병 극복을 위해 함께 힘쓸 것을 촉구하는 것입니다. [참고 : 사이언스 타임즈, 2020.3.17]

WHO의 팬데믹 선언은 어떤 의미가 있을까요? 먼저 코로나19 감염병의 확산의 심각성을 보여주고 있습니다. 감염병의 영향력에서 그 어느 국가나 지역도 예외가 될 수 없다는 것입니다. 그리고 경고의 의미가 있습니다. 팬데믹 선언은 '큰 혼란을 대비하라!'는 예고의 성격과 '상황의 심각성을 인식하라!'는 경각심 고취의 성격을 지니고 있습니다. 즉 감염병 확산의 초기에 이 사태를 제대로 대응하지 못하는 일부 나라 정부에게 경종을 울리고, 각국의 시민들 역시 감염을 예방하기 위해 주의하라는 메시지를 담고 있습니다. 아울러, 국제적인 협력과 공동 대응을 촉구하는 뜻도 담겨 있습니다. 팬데믹 선언으로 패닉(panic, 공포)에 빠지기보다 이제 전 세계적으로 만연해 가는 코로나19와 싸우기 위해 '인류 모두(pan+demos)'의 힘을 모으자고 호소하는 것입니다.

지금은 팬데믹이 진행 중인 '포스트 코로나(post corona)' 시대라고 할 수 있습니다. 우리가 목격하고 있는 수많은 변화가 14세기 중세 유럽의 봉건제도를 무너뜨린 흑사병이나 17

세기를 뒤흔든 천연두, 1차 세계대전을 종식시킨 스페인 독감의 유행처럼 문명사적 전환을 가져올지는 아직 불확실합니다.

그러나 우리는 이미 상상할 수 없었던 일들을 경험하고 있습니다. 국가 간의 여행이나 이동이 금지되거나 마비되고, 일부 국가들은 셧 다운(shut down)을 선언하고, 확진자와 해외에서 입국하는 자는 격리되고 있으며, 일부 국가에서는 의료시스템이 붕괴되고 있습니다. 게다가 온라인 교육이나 재택근무 등 원격 업무가 확산되고 있습니다. 더구나 모든 나라들에서 심각한 경제적 추락과 대량 실업 현상이 일어나고 있습니다. 거기에다가 의도치 않은 일이지만 기후와 환경이 개선되는 미증유의 현상을 경험했습니다. 정치, 경제, 문화, 예술, 교육, 보건, 환경, 여행, 오락, 대인관계 등 모든 분야 모든 영역에서 변화가 일어나고 있는 것입니다.

포스트 코로나 시대의 트렌드를 예견하다

코로나 19의 여파는 지구촌 전체가 움직이는 시스템에 영향을 미치고 있으며, 각 나라의 공동체, 그리고 시민들의 일상생활을 뒤바꾸고 있습니다. 2020년 5월 4일 문화일보 사회면에서는 〈포스트 코로나19 시대'의 19가지 '뉴 트렌드〉라는 제목으로 포스트 코로나 시대의 특징을 예견하면서 일목요연하게 소개하고 있습니다. 이 자료는 코로나 이후의 변화의 흐름을 입체적으로 잘 보여주고 있습니다. 그 내용을 간단히 요약하면 다음과 같습니다.

■ 국가의 역할이 커지고 변화된다.

1. 정부의 힘은 강화되고 국민의 생명과 안전에 우선적인 관심을 두게 된다.

코로나19 사태는 국가의 역할을 재정립하는 계기가 됐다. 대규모 재난 상황에서 각 국가는 자신의 국경선 즉 장벽을 다시 세웠고, 국제 연대는 약화되었다. 동시에 국가가 국민의 생명과 안전을 얼마나 '스마트'하게 보호할 수 있느냐가 국가 역할의 중요한 덕목으로 새롭게 등장했다.

2. 국가의 안보 개념이 변하여 이제 전쟁이 아니라 인간 자체가 안보의 궁극적 목표가 된다.

그간 안보의 영역은 경제 안보(economic security), 식량 안보(food security), 건강 안보(health security), 환경 안보(environment security), 개인 안보(personal security), 공동체 안보(community security), 정치 안보(political security) 등 일곱 가지였다. 이제는 진단검사 능력과 백신 · 치료제 개발 등 의료분야의 기술력이 국민의 안전과 생명을 지키는 인간 안보 능력으로 떠올랐다.

3. 각국 정부는 직접 국민들에게 돈을 풀어 구호와 복지적 혜택을 주게 될 것이다.

코로나19 팬데믹으로 고용, 환경 등 각 분야를 둘러싸고 각 계층의 갈등이 분출되는 상황에서 '머니 폴리시(money policy, 현금 정책)'가 일반화 될 것이라는 전망이 나온다. 국민의 '일상 생계 보장'을 위해 정부가 직접 나서서 펼치는 적극적인 금융정책이다. 재난지원금이나 기본소득도 이러한 맥락에서 이해할 수 있다.

4. 자국 이익을 최우선으로 하는 자국 우선주의 정책이 진행될 것이다.

코로나19 사태를 계기로 '네이션 퍼스트(nation first)', 즉 자국 우선주의를 요구하는 목소리는 높아지고 '각자도생' 시대가 도래할 것이라는 관측이다. 따라서 국제적인 연대와 협력이 크게 약화될 것이다

5. 시민의 자유와 사생활 침해를 당연시하는 통제가 일반화될 것이다.

확진자 동선 공개나 공익적인 목적을 위해 개인의 정보와 자유를 침해하는 것이 당연시되거나 그것이 가능한 시스템이 될 것이다.

■ 지구촌 삶의 대전환

6. 전 세계적 '일시 멈춤' 현상으로 보다 깨끗해진 지구촌 환경

그동안 무차별적 개발과 환경 자원의 착취, 화석연료 에너지를 중심으로 가동되던 경제 구도는 환경오염을 초래했다. 전 세계가 전염병 차단을 위해 '멈춤의 시간'을 보내면서 대표적인 탄소 배출국인 중국 · 인도의 대기는 깨끗해졌고, 이탈리아 베네치아의 운하는 하늘이 비칠 정도로 맑아졌다. 코로나19 사태 이후 인류는 지구에 자정 기능을 회복하는 시간을 줘야 한다는 목소리도 더욱 힘을 얻을 전망이다.

7. 신자유주의적 세계화의 약화가 예상된다.

코로나19 확산으로 세계화의 핵심인 국경 개방이 중지되고, 인적 이동도 차단되면서 각국은 이미 지역화의 실험을 하였다. 세계화를 통해서만 모두가 상호 이익을 본다는 믿음이

깨어지고 자립적이고 지역적인 생존의 힘이 강화될 것이다. 아울러 이럴 때일수록 국가 간 협력·연대가 중요하다는 목소리도 적지 않다

8. 위기 속에서 협력해야 한다는 공동체 의식이 각성될 것이다.

코로나19 위기 속에서 시민의식은 성장하고 사회적인 신뢰도 쌓이게 된다. 해외여행이나 대규모 문화공연이나 스포츠 관람이나 축제의 기회가 차단되면서, 마을이나 소규모 공동체의 역할이 중요해 질 수도 있다.

9. 탈도시화를 추구하는 라이프 스타일이 확산된다.

코로나19 이후 미세먼지 경고음이 사라졌다. 사람들은 '환경을 생각하는 삶'을 생각하는 감각을 지니게 되고, 아침에 햇살을 받으며 일어나고 저녁에 느긋하게 석양을 바라보는 에코로지 라이프가 확산되리라 전망하기도 한다.

■ 글로벌 파워의 재편

10. 선진국이 아니라 선도국이 국가경쟁력에서 중요해진다.

코로나19 사태를 거치면서 선도국 개념이 새롭게 대두하고 있다. 그간 경제 수준과 산업의 발달 수준, 1인당 국내총생산(GDP) 등 양적 지표에 따라 선진국(advanced country)을 중심으로 전 세계 국가 순위를 세웠다. 이제 위기 대응력과 사회 안전망 확보 등과 관련한 국가의 역량이 국가 경쟁력을 평가하는 요소로 떠오르고 있다. 즉 선도국(leading country)이라는 새 개념이 주목받고 있다.

11. 패권 국가들의 리더십이 손상되고 한동안 다극 체제로 세계질서가 운영될 것이다.

코로나19 사태는 주요 2개국(G2)인 미국과 중국의 리더십에 상당한 상처를 남겼다.

12. 서구사회가 우월하다는 신화가 붕괴되고 있다.

코로나19 대응에 미숙하고 수많은 확진자와 사망자를 낳은 서구 사회의 부실한 의료 시스템의 민낯이 드러나서 소위 서구 제일주의와 선진국 신화가 깨어졌다. 한국인의 경우 선진국 콤플렉스를 털어버리고 국가적 자긍심을 가지는 계기가 되었다.

13. 국가 간의 경제 순환 구조에 큰 변화가 일어날 것이다.

해외에 생산기지를 둔 기업체의 경우 부품공급의 차질과 생산에 큰 차질을 초래했다. 앞으로 기업들은 인건비와 운송비를 절감하기 위해 생산기지를 다변화하고, 자생력을 강화하고, 국가별 특성에 맞는 국제 분업 체계를 형성하게 될 것이다.

■ 언택트 문화 일상화

14. 자기 집 혹은 실내에서 안전하게 놀고 즐기는 문화가 확산될 것이다.

코로나19 사태는 '사람들이 많은 곳은 위험하다'는 인식을 심어주면서 '홈 루덴스(Home Ludens)' 문화의 확산으로 이어졌다. 홈 루덴스는 '호모 루덴스(Homo Ludens, 놀이하는 인간)'에서 파생된 말로, 멀리 밖으로 나가지 않고 주로 집에서 놀고 즐길 줄 아는 사람을 가리키는 신조어다.

15. 원격교육이 보편화될 것이다.

대면교육이 완전히 사라지는 것은 아니지만 온라인수업 등 원격교육이 강화되고, 온라인/오프라인 겸용의 '블렌디드 러닝'도 활발해 질 것이다.

16. 비대면 기술과 산업의 발달로 4차 산업혁명이 가속화될 것이다.

'포스트 코로나' 시대에는 5세대(G) 네트워크 등 정보통신기술(ICT)과 이를 활용한 비대면 산업이 더욱 활기를 띨 것으로 전망된다.

17. 재택근무 등 업무형태가 변화되고 기업문화의 변화가 크게 일어날 것이다.

대기업이나 외국계 기업의 전유물로 여겨져 온 재택근무가 전 기업으로 확산되고 있다.

18. 문화예술 영역에서 새로운 방식의 문화 소비방식이 생겨날 것이다.

코로나19가 강제한 '언택트' 상황은 문화계에 큰 변화를 초래하고 있으며, 온라인 공연이나 전시회 등 새로운 방식의 문화 소비 방식이 생겨나고 있다. 방탄소년단의 무료 온라인 스트리밍 축제 '방방콘(방에서 즐기는 방탄소년단 콘서트)'은 조회 수가 5,000만 건을 넘었다. 예술이나 영화, 스포츠 등의 영역에서도 새로운 소비방식이 확산될 것이다.

19. '집단지성'보다 전문가의 역할이 커질 것이다.

그동안 인터넷에 기반한 '집단지성'이 주목을 받고 힘을 발휘하였는데, 코로나19로 전문가의 전문지식과 조언 등이 보다 권위와 영향력을 지니게 되었다. 사람들은 의료 전문가의 손에 매달렸고 그들의 입에 촉각을 세웠다. 의료뿐 아니라 통계, 정보 등 여타 과학 분야 전문가의 권위가 보다 높아질 것이다. [출처 : 2020년 5월 4일, 문화일보. '포스트 코로나19 시대'의 19가지 '뉴 트렌드'. 요약 인용]

코로나, 우리의 일상을 크게 바꾸다

지금 우리는 코로나19가 창궐하는 흐름의 한 가운데에 있습니다. 코로나는 이미 우리의 삶의 방식을 크게 바꾸었고 또 앞으로도 바꿀 것입니다. After Corna(코로나 이후), 즉 포스트 코로나 시대에 우리의 삶은 어떤 변화를 겪게 될지, 우리의 일상과 직접 관련되는 변화들을 살펴봅시다.

교육의 변화

첫째는 '온라인수업의 발달'로 코로나 이후 학교 교육과 모든 교육시장은 대면 교육이 아닌 온라인 교육이 보편화 될 것이라고 예측하고 있습니다. 지금은 대부분 EBS 같이 미리 녹화된 영상을 통한 수업을 하기도 하지만 5G가 보편화되면 쌍방향 실시간 수업이 일반화될 것으로 봅니다.

둘째는 '맞춤교육의 발달'로 지금의 교육은 획일화된 교육으로 학생 각각의 학습 능력에 맞춰 수업할 수 없는 환경이지만 온라인수업이 발달하면 학생 개개인의 학습능력, 관심에 따른 수업이 가능하게 되므로 지금보다 다양한 콘텐츠를 통한 차별화된 교육을 기대할 수 있습니다.

직업의 변화

첫째는 재택근무의 보편화로 이번 코로나19 사태로 군이 회사에 나가지 않고 집에서 근무를 해도 문제가 없는 사업 영역이 뚜렷이 보였습니다. 앞으로 많은 기업들이 재택근무 형태의 근로를 기반으로 하는 사업 형태로 바꿀 것으로 예상됩니다.

둘째는 로봇과 AI 직원의 출현입니다. 비대면 사업이 활발해지면서 많은 부분에 사람 대신 로봇이나 기계로 대처 될 것으로 보입니다. 일본의 한 호텔은 몇 년 전부터 로봇이 안내데스크, 룸 서비스 등을 대신하고 있으며, 얼마 전부터 한국에서도 식당에서는 로봇이 주문과 서빙을 대신하고 있습니다. 아마도 가까운 시일 내에 대부분의 서비스업에선 로봇들이 그 자리를 차지할 것입니다.

셋째는 선호 직업의 변화가 많을 것입니다. 지금의 직업 선호도에서 상위인 의사, 변호사, 교수와 같은 직업 보다 앞으로는 인공지능 전문가, 로봇공학자, 사이버 보안 전문직이 선호 직업으로 부각될 것으로 보입니다.

생활의 변화

첫째는 배달음식과 반조리 음식이 더 발달할 것입니다. 먹방의 영향으로 코로나19 이전에는 맛집 순례가 유행했습니다. 여행의 목적이 유적지나 그 지역의 문화를 탐방하는 것이 아닌 맛집을 위한 여행이었으나, 코로나19 사태 이후 여행이 금기시되고 식당가는 것을 꺼려하면서 되도록이면 집에서 음식을 먹게 되었습니다. 따라서 배달 음식과 집에서 간단히 음식을 먹을 수 있는 간편식이 더 발달할 것으로 보입니다.

둘째는 온라인 쇼핑의 일반화가 되어 젊은 층에서 보편화된 온라인쇼핑은 다양한 연령층이 이용하게 될 것이며 따라서 더욱 쉽게 주문할 수 있는 형태로 변화될 것입니다. 또한 우리가 생각하지 못한 것까지 온라인 쇼핑 시장에 나올 것이며 배달 방법도 드론이나 무인 배달 시스템으로 바뀌게 될 것입니다.

셋째는 안방에서 엔터테인먼트를 즐깁니다. 코로나19 사태 이후 밖으로 나갈 수 없는 사람들이 집안에서 즐길 거리를 찾습니다. 온라인 게임, 영화 스트리밍 서비스나 TV 스트리밍 서비스를 통해 여가 시간을 보낼 것으로 봅니다.

넷째는 가상현실의 일반화가 될 것입니다. 여행이 자유롭지 못하고 실내외 운동을 자유롭게 하기 힘들어졌습니다. 따라서 이런 것을 충족시키기 위해 더 현실감 있게 가상현실(VR)을 통한 여행과 운동, 놀이를 즐기게 될 것입니다.

의료의 변화

가장 큰 변화는 온라인 진료가 만들어진다는 것입니다. 코로나19 이후 병원 가기가 꺼려지는 게 현실입니다. 별로 아프지 않는데 병원에 가는 것도 문제이지만 너무 참아서 자칫 병을 키워 큰 병이 될 수도 있기에 빠른 시기의 진료와 치료는 필요합니다. 코로나19 같은 전염병 때문에 병원에 쉽게 갈 수 없기 때문에 앞으로는 온라인으로 먼저 진료를 받고 병의 심각도에 따라 병원 내원 여부가 결정될 수도 있습니다.

포스트 코로나를 준비하는 마음과 지혜

인류는 식품, 의료, 항공, 교육 등 모든 분야의 산업을 재건하는 데에 전무후무한 비용을 지출할 것이며 기존의 패러다임이 완전히 바뀔 '완벽한 폭풍'에 휩싸일 것입니다. 그러나 온 인류가 지혜롭게 대처해 바이러스라는 공동의 적을 상대하면서 다양한 인종, 국가, 종교, 문화를 뛰어넘는 연대 의식을 키우는 계기로 삼으려는 노력을 기울여야 합니다.

코로나 사태 이후 비대면이 일반화되어 감에 따라 교육, 직업, 생활방식, 의료 등은 변화될 것입니다. 위에서 본 변화에는 장단점이 있지만 앞으로 우리가 살아가게 될 세상이기에 잘 적응하는 것이 중요합니다.

이런 변화에 슬기롭게 적응하기 위해서는 우리는 어떤 자세가 필요할까요?

첫째, 두려움을 이기고 변화에 능동적으로 대처해야 합니다. 인류는 항상 위기를 극복하면서 나아왔고, 우리들 모두에게는 변화에 적응할 뿐 아니라 새로운 변화를 만들어내는 능력이 있습니다.

둘째, 디지털 역량을 갖추어야 합니다. 코로나 이후의 세상은 IT기술을 기반으로 한 디지털 소통이 보다 중요해질 것이 명확합니다. 따라서 디지털 역량과 미디어 리터러시 역량을 갖추는 자가 변화되는 사회에서 능동적으로 살아갈 수 있을 것입니다.

셋째, 새로운 학습 역량을 갖추어야 할 것입니다. 학교교육과 같은 제도 교육에서 습득하는 지식은 가장 기본적인 지식입니다. 하지만 앞으로의 세상은 학습능력을 갖춘 사람이 주도하게 될 것입니다. 전문가들은 이제 학력사회는 끝나고 학습력 사회가 도래할 것이라고 합니다. 어떤 대학에서 취득한 전공이나 학위가 평생의 직업과 미래를 보장해 주지 못한다는 것입니다. 오히려 끊임없이 새로운 영역과 직업들이 창조되며, 그 때 그 때 능동적으로 학습해내는 능력이 중요해지는 것입니다. 따라서 읽기 능력, 소통 능력, 글쓰기 능력, 정보 분석과 미디어 리터러시 역량이 중요해 지고 있습니다. 새로운 것을 받아들이는 데 서툴거나 너무 시간이 많이 소요되면 적응에 실패할 수 있기 때문입니다.

넷째, 변화를 두려워하지 말고 즐기고 사랑하는 태도가 필요합니다. 피할 수 없으면 즐기라는 말이 있습니다. 변화되는 환경을 두려워만 하지 말고 자신만의 삶을 창조하면서 더불어 살아가는 마음의 지혜를 가져야 할 것입니다.

가보지 않은 길, 함께 나아가는 연대와 협력의 길

베스트셀러 『총,균,쇠』의 저자 재레드 다이아몬드는 "전염병이 역사를 바꿨다"고 역설한 바 있습니다. 오늘날 우리가 경험하는 펜데믹 상황은 그 누구도 가보지 않은 길입니다. 하지만 우리는 감염병과 관련된 역사의 교훈을 알고 있고, 코로나19에 대응하여 새로운 삶의 방식을 연습하고 있습니다. 이 길은 우리 각자가 홀로 걸어가는 길이 아닙니다. 국가와 학교와 공동체, 전문가와 정치인을 비롯하여 우리 모두가 함께 걸어가는 길입니다.

깊이 생각하기 : 생각할 질문과 토론 주제

 질문

Q1. 그동안의 전 세계적으로 유행된 수많은 감염병 역사들을 통해 무엇을 느끼셨나요? 생각하는 대로 써 보세요.

Q2. 감염병들을 통해 인류는 어떻게 존재할 수 있었고, 극복을 통해 어떤 방법으로 성장하게 되었던 것일까요? 한번 생각해봅시다.

Q3. 우리나라가 세계 선진국들 보다 코로나 위기를 잘 대처하고 있는 이유는 무엇이라고 생각하시나요? 자유롭게 생각하시고, 작성해보세요.

Q4. 코로나19의 영향으로 우리의 생활에서 많은 변화가 만들어지고 있는데, 그 변화 중 장점과 단점은 각각 어떤 것들이 있을까요? 생각해 보고 정리해 봅시다.

장점	단점
빠른 의학기술 발전 효율적인 재택근무 시간 공간에 규제받지 않는 업무여건 급속한 AI와 로봇의 발전 SNS 및 웹기술을 기반한 비즈니스 성장 절약되는 시간	인간관계의 축소 및 단절 얼굴을 마주하는 공감적 경험의 부족 디지털 소외 지나친 건강염려 증상 발생 대량 실업 등 사회적 문제 언택트 기술을 지닌 플랫폼기업의 독점

더 깊은 학습을 위한 자료들

[책]

"포스트코로나 : 우리는 무엇을 준비할 것인가". 임승규외 6명 저, 한빛비즈. 2020. 5. 15.

"포스트코로나 사회 : 팬데믹의 경험과 달라진 세계". 김수련외 11명, 글항아리.
        2020. 5. 29.

"뉴노멀로 다가온 포스트코로나 세상". 고환상외 15명 저, 지식플랫폼. 2020. 7. 1.

"코로나 이후의 세계". 제이슨 솅커 저, 미디어숲. 2020. 5. 30.

"감염병과 인류, 그리고 진화 :『농경의 배신』". 제임스 스콧 저, 책과함께. 2019.

『전염병과 인류의 역사』. 윌리엄 맥닐 저, 한울. 1992.

『전염성 질병의 진화』. 폴 이월드 저, 아카넷. 2014.

[언론기사]

코로나 팬데믹, 초연결 비대면사회로 전환 기회. 서울신문, 2020. 4. 15.

'포스트 코로나' 세상은 어떻게 바뀔까. 한국경제, 2020. 4. 10.

코로나19 체제 원년, 바이러스사 바꿀 3가지. 김진희, 프레시안, 2020. 4. 20.

코로나19, 가장 값비싼 위기....혁신 · 창의성의 시대될 것. 아시아경제, 2020. 6. 15.

코로나19가 가져올 5가지 변화와 10대 기회. 중앙일보, 2020. 3. 4.

[논문]

황상익(2020), 감염병과 국가와 인간, 「한국역사연구회」, 역사와 현실 제116호, 3–22.

김용흠(2020), 신종 감염병을 극복하는 힘은 어디서 나오나?, 「재단법인 내일을 여는 역사재단」, 내일을
        여는 역사 2020년 봄호(통권 제78호), 4–9.

이수진, 조현지, 김민지, 진광선, 주소윤, 이재용(2020), 포스트코로나 시대를 준비하는 각국의 정책 동
        향, 「국토연구원」, 국토 2020년 6월호(통권 제464호), 96–109.

강동효, 권해석, 김동현, 김용운, 김희준, 문보경, 염현석, 이민아, 최진석, 최중현(2020),포 스트코로나
        시대, 무엇을 준비할 것인가, 「국토연구원」, 국토 2020년 6월호(통권 제464호), 56–61.

박지성(2020), 포스트코로나 시대 비대면(언택트) 산업과 전파, 「한국전자파학회」, 전자파기술 제31권
        제3호(통권 제139호), 63–65.

배영임, 신혜리(2020), 코로나19, 언택트 사회를 가속화하다, 「경기연구원」,이슈&진단 제416호, 1–26.

[영화 및 동영상]

포스트 코로나 : 코로나19 이후, 우리의 일상은. [다큐S프라임], YTN 사이언스.

최재붕 성균관대 교수, 포스트 코로나를 말한다. 테크카페(TechCafe). 네이버TV.

_____

주제 3
혐오와 차별

혐오와 차별을 좋아하는 사람이 있을까?
하지만 우리 사회는 혐오사회이자 차별사회로 평가받고 있다.
사실, 우리는 나 자신도 모르게 남을 혐오할 수 있다.
누구든 혐오주체, 차별주체가 될 수 있다.
여기에서 자유로운 사람이 어디 있을까?
문제는, 나 역시 혐오와 차별의 대상이 될 수 있다는 점이다.
혐오와 차별은 저절로 사라지지 않는다.
점증하고 있는 혐오와 차별의 실상을 제대로 알아보자.
그리고 혐오와 차별을 넘어
함께 공존하고 상생하는 사회를 이루는 길을 찾아보자.
완전한 해법은 없지만 생각하고 토론해 보자.

관련주제 및 키워드

인종차별, 여성혐오, 혐오 표현, 혐오 담론, 성소수자 혐오,
외국인 혐오, 이주노동자 차별, 차별금지법 등

글쓴이 · 박기철

한진연 입시전략연구소 대표 / 커리어넷 온라인상담 전문가단
굿모닝 충청, 에듀동아 교육칼럼기고 / 한양문인협회 시인 등단(2018)
비법의전수(고입,대입면접) 공저

혐오와 차별,
혐오와 차별이 없는 세상을 위하여

　최근 몇 년간 온라인 매체에서 메갈리아, 한남충, 된장녀, 김치녀, 김여사, 개독 등의 혐오 표현이 반복적으로 등장하여 사회적 논란이 되어 왔습니다. 그리고 강남역 묻지 마 살인사건처럼 사회적으로 큰 쟁점이 된 사건도 있었습니다. 지금 우리 사회에서 혐오와 차별은 더 이상 일부 소수자들만이 겪는 문제가 아닙니다. 외국인 혐오, 여성혐오, 비정규직 혐오, 직장 내 갑질 등의 현상이 계속 발생하기 때문입니다. 내국인–외국인, 남성–여성, 이성애자–동성애자, 성인–아이, 정규직–비정규직 등의 말로 편을 가르는 기준이 되어버린 혐오는 이제 우리 모두를 겨냥하고 있습니다. 혐오 표현이나 다른 사람을 차별하고 무시하는 말이 단지 말실수나 말장난에 불과할까요? 혐오와 차별은 우리의 삶 매우 가까이에 있습니다. 자신도 모르게 가해자가 될 수 있고, 원치 않게 피해자가 될 수도 있습니다. 이 문제의 심각성을 알고 함께 생각해 보고 토론하기를 바랍니다.

메갈리아 : 대한민국의 커뮤니티 사이트로, 여성혐오를 그대로 남성에게도 반사하여 적용하는 '미러링'을 사회 운동 전략으로 삼아 주목을 받았다. 이에 대해 혐오에 혐오로 맞선다라는 비판도 있다. '메갈리아'라는 이름은 디시인사이드 소속의 '메르스 갤러리'의 이용자들을 노르웨이의 여성주의 소설인 《이갈리아의 딸들》에 빗대 표현한 것에서 비롯되었다.[출처 : 위키피디아]

한남충 : 한남, 한남충: '한국 남자'에 접사 '–충'을 결합하여 만든 말로, 2015년 8월에 처음으로 쓰였다. 인터넷 커뮤니티인 메갈리아에서 여성혐오에 대한 '미러링'으로 사용하기 시작하였고, 메갈리아로부터 많은 회원이 유입된 워마드에서는 좁게는 '시스젠더 헤테로섹슈얼인 한국 남성'을, 넓게는 '모든 한국 남성'을 가리키는 말로 정의한다. 한국양성평등교육진흥원은 이를 특정한 성별에 대한 혐오 · 비난 표현으로 규정하였다.[출처: 위키백과]

워마드 : 여성우월주의를 주장하는 반(反) 사회적 남성 혐오 사이트이다. 남자들중에서도 특히 한 국남성에 대한 혐오로 테러도 불사하는 단체이기도 하다. Woman(여성)과 Nomad(유목민)을 합성 한 말로 알려져 있다. '모든 남성을 혐오한다'는 것을 모토로 탄생했다. 그러나 일부 여론은 여성 혐 오에 반대하는 사이트라고 주장하고 있다. 워마드 강령에 의하면, 워마드는 여성운동 단체가 아 니고, 소수 인권을 쓸모없다 생각하고, 오직 여성만 챙기며, 이를 위해 도덕은 버린다고 밝히고 있 다.[출처: 위키백과]

개독 : 대한민국에서 개신교 신자들에 대한 멸칭으로 사용되는 인터넷 용어이다. 주로 근본주의 성 향의 개신교 신자들을 낮게 칭하는 뜻으로 쓰인다.

김여사 : 운전이 미숙한 중년 여성들을 비꼴 때 쓰는 신조어다. 의미가 확대되어 불특정 다수의 여 성 운전자들을 비하하는 말로도 곧잘 쓰인다.[출처: 한국경제 기사]

혐오의 피라미드

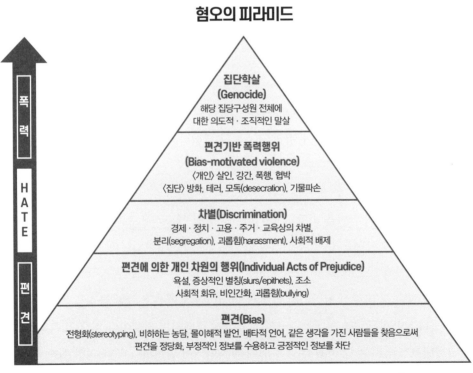

[도표 출처: 혐오표현에 대한 헌법적 고찰. 이승현, 연세대 2016년 박사학위 논문]

혐오와 차별의 역사적 사건들

혐오와 차별의 대표적인 사건은 독일 나치의 인종 혐오와 차별입니다. 알다시피 이는 국가가 개입하여 국민들을 선동하여 유대인 혐오와 아우슈비츠 대학살과 같은 인종청소까지 자행하였던 끔찍한 사건입니다. 독일은 1차 세계대전 패전과 경제적 대공황으로 발생한 국민들의 불안과 동요를 유대인, 장애인, 흑인 등에 대한 혐오와 분노로 몰아갔습니다. 즉 나치는 혐오 대상을 만들어 조직적으로 혐오와 차별을 만들었던 것입니다. 참으로 인간성 상실의 극단을 보여주는 사건이 아닐 수 없습니다. 나치의 만행을 계기로 2차 세계대전 이후 국제인권조약은 혐오 표현을 금지하고 처벌하는 법을 만들게 되었습니다.

흑인에 대한 인종차별과 혐오 역시 큰 이슈입니다. 2020년 5월 미국에서는 한 경찰이 비무장, 무저항 흑인 조지 플로이드를 체포하는 과정에서 그의 목을 8분 46초 동안 눌러 죽게 한 사건이 발생하였습니다. 흑인을 대상으로 한 백인 경찰의 이러한 과잉진압이 원인이 되어 크고 작은 저항 및 항의 시위가 발생하였습니다. 특히 이번 시위의 경우 미국 전역에서 대규모 항의 시위가 일어나고 해외에서도 항의 및 인종차별 반대 시위가 이어졌습니다. 공권력에 의한 시민의 사망 사건이 주로 빈민가에서 지나치게 행사되고 있고 미국 사회에서 흑인들이 언제나 가난한 주변인으로 내몰리고 차별받는다는 점에서 흑인들의 분노가 폭발하였다고 할 수 있습니다. 나치의 유대인 학살과 같은 조직적인 인종 혐오는 아니지만, 미국 사회에 만연한 인종차별과 흑인 혐오 현상의 단면을 보여준 사건이라고 할 수 있습니다. 공권력이 공공연하게 힘없는 소수 집단이나 특정 인종에게 차별을 행한다면 그 누구도 용납하지 않을 것입니다.

지금 대부분의 국가에서는 인종차별이나 여성차별이나 소수자 차별을 금지하는 규정을 두고 차별 행위에 대해 처벌을 하고 있습니다. 즉 법적 제도적으로는 차별이 금지되고 있으므로, 공적인 영역에서는 눈에 두드러진 차별이 없는 듯이 보입니다. 그러나 한 사람이 다른 사람을 개인적으로 차별하거나 무시하는 것은 막을 수가 없습니다. 특히 혐오하는 태도나 혐오의 말은 그 기준이 명확하지 않아서 처벌하기가 매우 곤란한 특징을 지니고 있습니다. 더구나 SNS상으로나 또래집단에서 교묘하게 행해지는 차별이나 혐오 표현은 그 실체를 밝혀내기가 쉽지 않습니다. 우리 주변에 일상화되어 있어서 누구나 흔히 접하게 되는 혐오 표현의 문제는 매우 심각합니다. 혐오 표현이 난무하고 다른 사람을 차별하는 행위가 공공연하게 혹은 은밀하게 진행되는 사회는 건강한 사회일 수가 없습니다.

조지 플로이드 사건
2020년 5월 25일 미국 미네소타주 미니애폴리스에서 경찰의 과잉진압으로 비무장 상태의 흑인남성 조지 플로이드가 사망한 사건을 말한다. 당시 경찰의 무릎 밑에 깔린 플로이드는 숨을 쉴 수 없다며 고통을 호소했으나, 경찰의 진압은 8~9분여간 지속됐다. 결국 플로이드는 현장에서 병원으로 이송됐으나 사건 당일 밤 사망했으며, 이에 사건이 일어난 미니애폴리스는 물론 미국 전역에서 이에 항의하는 시위가 확산되었다.

[네이버 지식백과] 조지 플로이드 사건 [시사상식사전, pmg 지식엔진연구소]

혐오와 차별에 대한 올바른 이해

혐오와 차별은 구별되면서도 매우 밀접한 용어이다

혐오와 차별은 명백히 구분되는 용어입니다. 어떤 집단이나 개인에 대하여 불쾌한 느낌이나 경멸하는 감정을 느끼는 것이 '혐오'라면, '차별'은 그에 따라 그 사람 혹은 집단을 명백하게 구별 지어 차별적 행위를 하는 것입니다. 혐오 감정은 주로 혐오 표현을 통해 드러납니다. '김치녀'나 '한남충' 같은 혐오 표현이 대표적인 예입니다. 혐오와 차별은 엄밀한 의미에서 다소 다른 행위처럼 보입니다. 혐오는 감정이나 말과 관련되어 있고, 차별은 차별적인 행동만을 지칭합니다.

혐오는 곧 차별이다

그렇다면 혐오와 차별은 전혀 다른 것일까요? 이 둘은 매우 밀접합니다. 혐오 감정이 표출되고 집단화되면 그것이 사회적 차별로 이어집니다. 그리고 모든 차별과 배제의 행위에는 이에 따른 혐오 표현을 수반하고 있습니다. 그 기저에는 혐오 감정이 깔려있다는 것은 말할 것도 없습니다.

하지만 혐오와 차별을 행하는 사람들은 자신들은 전혀 그렇지 않다고 생각하기도 합니다. 가령 성 소수자에 대해서는 혐오하지 않지만, 퀴어축제를 반대하거나 차별금지법안의 보호대상에 성소수자가 들어있다고 이를 반대하는 것이 차별적이라는 인식을 하지 않는 사람들도 있습니다. 즉 자신은 특정 집단을 혐오하지도 차별하지도 않고 있다고 믿는 것입니다. 심지어 SNS나 단체대화방에서 혐오 표현과 특정 집단을 비하하는 욕설들을 내뱉으면서도 자신은 혐오와 차별과 무관하다고 생각하는 사람들도 있습니다. 그것은 단지 가십이나 장난이나 욕설이라고 생각하는 것입니다. 이런 태도를 우리는 어떻게 보아야 할까요?

혐오표현은 표현의 자유일까?

우리는 표현의 자유가 보장된 사회에서 살고 있습니다. 누구누구를 싫어한다는 개별적인 감정이나 생각의 표현은 당연히 존중되고 보호되어야 합니다. 그것은 민주주의를 민주주의답게 하는 표현의 자유이기 때문입니다.

그러나 나의 말과 표현이 특정 사람이나 집단에 고통을 가하는 일이라면 그런 자유는 정당할까요? 알다시피 부모가 자녀를 학대하는 것에는 단지 신체적 학대만이 아니라 언어적 정신적 학대를 포함시킵니다. 마찬가지로 누군가를 겨냥한 말을 통해 누군가가 겪어야 할 정신적 고통이 명백하다면 그 사람을 피해자로 만드는 것이 될 것입니다. 나의 권리를 주장하고 행사하면서 타인의 인권을 침해한다면 그것은 진정한 권리가 아닙니다. 즉 타인의 인격과 명예를 훼손하는 권리는 표현의 자유가 아니라 가해 행위입니다. 이는 표현의 자유도 아니며 보호받아야 할 권리라고 볼 수 없을 것입니다.

뿐만 아니라 혐오 표현은 특정 집단에 대한 공격적인 행동이기도 합니다. 특정 단체나 특정 취향을 가진 집단을 악의적으로 공격하고, 어떤 부정적인 이미지를 덮어씌우는 표현 등은 당연히 금지되어야 한다는 의견이 우리 사회의 전반적인 분위기입니다. '김치녀', '한남충', '개독', '메갈리아' 등의 용어가 그런 사례에 해당됩니다. 이런 용어가 온라인상에서 버젓이 상용된다고 가정해 봅시다. 각각의 집단이 서로 극단적인 언어들로 혐오 표현을 만들어내고 대결을 한다면 우리 사회는 여러 갈래로 찢어질 것이 명백합니다.

특정 집단에 대한 혐오가 문제의 핵심이다

혐오와 차별에 대한 이슈에서 문제가 되는 '혐오'는 특정 집단을 향한 '혐오'입니다. 즉 소수자나 이주노동자에 대한 혐오와 차별, 여성 혹은 남성에 대한 혐오 등 특정 집단에 대한 혐오가 문제가 되는 것입니다. 주로 인간이나 사회 전체에 대한 '비방'이나 '경멸'을 혐오라고 하지는 않습니다.

사람들은 왜 '혐오'의 감정을 표출하거나, '혐오'를 동력으로 하는 표현과 행동들을 하게 될까요? 이런 현상이 사회마다 왜 발생하는 것일까요? 법철학자인 마사 누스바움 교수는 배설물같이 자신을 위협할 수 있는 전염이나 오염을 꺼리는 원초적 감정으로서의 혐오 감정은 인간 누구나 가지고 있다고 말합니다. 문제는 실제로 위험하지 않는데도 자신보다 열등하다고 믿는 '사람'을 오염물의 일부로 확장하고 투사하는 데 있다는 것입니다. 즉 자신의 분노나 고통의 원인을 눈에 보이는 타인 때문이라고 생각하면서 책임을 남에게 돌리고 그 집단을 공격하는 것입니다.[참고 : 이승현, 왜 혐오의 시대가 되었나? 참여사회 2020년 1-2월 합본호, 통권 272회]

혐오와 차별은 사회적 현상으로 집단화되기 때문에 큰 문제가 됩니다. 우리나라에서는 여성혐오, 동성애 혐오, 이슬람 혐오가 공공연한 문제가 되었습니다. 저널리스트 카롤린 엠케는 그의 저서 〈혐오사회〉에서 "혐오와 증오는 느닷없이 폭발하는 것이 아니라 훈련되고 양성된다."고 경고합니다. (참고 : 이승현, 왜 혐오의 시대가 되었나? 참여사회 2020년 1-2월 합본호, 통권 272회) '혐오'를 자극하고 혐오표현을 확산시키는 사람들은 스스로가 '혐오'하는 자가 아니라 '사회와 국가와 선량하고 도덕적인 타인들'을 '그들'(혐오대상)로부터 보호하기 위한 것이라고 믿는 경향이 있습니다. 즉 나름의 신념과 정당성에 대한 확신이 있는 것입니다. 그리고 사람들은 그런 표현을 무심코 내뱉거나, 장난이나 유행어로 사용하면서 혐오와 차별이 확산되는 것입니다. 따라서 정부가 이를 방치하거나 시민들의 의식변화가 없이는 혐오는 재생산되고 '혐오'의 가속화는 막을 수 없게 됩니다.

특정 집단에 대한 혐오와 차별은 온라인상에서 시작된다고 볼 수 있습니다. 많은 이주민 외국인들이 온라인상에서 모욕적인 표현 등을 많이 접했다고 합니다. 익명성이 보장되고 빠른 전파력을 가진 온라인의 속성이 이렇게 혐오와 차별 현상을 가속시키는 원인으로 볼 수 있습니다. 그리고 특정 집단을 조롱하거나 비하하는 것을 목적으로 삼는 단체들이 의도적으로 혐오 표현을 만들어 유포하기도 합니다. 주로 극단적인 정치단체나 여성혐오, 남성혐오를 목적으로 한 카페나 웹사이트나 유튜브 등이 이런 일에 앞장섭니다.

퀴어축제
대한민국의 성소수자 행사로서, 현재 2000년 제1회 서울퀴어문화축제를 시작으로 대구, 부산, 전주, 인천 등 각 지역에서 매년 열리고 있다. [출처: 위키백과]

우리 사회의 혐오와 차별 현황

성 소수자에 대한 혐오와 차별은 여전한 편이다

우리 사회는 세계적 표준에 따라 공적 영역에서 성소수자에 대한 차별을 하지 않는 정책을 시행하고 있다고 알려져 있습니다. 하지만 2020년 군복무 중인 현역 남자 하사가 여성으로 성전환 후 강제 전역을 당한 사례가 있었습니다. 본인은 계속 군에 남아 복무하기를 원했지만, 육군은 '심신장애 3급 판정'을 내리고 복무할 수 없는 사유라며 강제 전역 처분을 내렸습니다. 또한, 여성으로 성전환한 후 여자대학교에 합격을 했지만 학생회의 강력한 반발로 입학을 취소한 사례가 발생하였습니다. 우리 사회가 여성인권과 평등, 페미니즘을 수용하는 분위기였지만 성전환자와 함께 같이 수업을 하거나 그를 동창생으로 받아들이기가 어려웠던 것 같습니다.

공교롭게도 우리 사회의 일부 종교 단체들이 성 소수자들에 대한 혐오와 차별에 앞장서고 있습니다. 이는 그들의 종교적 신념이나 교리에 기반한 것으로 보입니다. '동성애는 에이즈의 온상'이라는 주장이나 퀴어축제를 허용한 지방자치단체에 대한 비방과 인신모욕성 발언, 이태원 클럽발 코로나19 바이러스를 '이태원 변종'이라고 비방하는 혐오언어들이 대표적입니다. 게다가 차별금지법을 반대하는 운동을 줄기차게 벌여 왔습니다. 종교적 신념과 사회적 법적 가치가 충돌할 때 발생하는 전형적인 충돌이 우리 사회에서 벌어지고 있는 것입니다.

분단상황에서 이념적 혐오가 극단적이다

대부분의 나라들도 마찬가지이지만 특히 단일민족을 강조해 온 우리나라는 정서상 안과 밖을 가르는 경향이 강하였습니다. 병자호란 때 잡혀간 후 고향에 돌아온 '환향녀'라는 용어가 '화냥년'으로 바뀌면서 창녀라는 뜻을 가진 것만 해도 그렇습니다. 또한 6.25 전쟁 후의 후유증으로 생겨난 혼혈아에 대해 잡종을 뜻하는 '튀기'라고 부르며 혐오하였으며, '빨갱이'라는 용어 사용은 분단된 우리 사회를 두 개의 이념 진영으로 찢어 놓기도 했습니다. 지금도 정치권이나 광장에서 상대방을 비방하고 혐오하는 용어들이 거칠게 사용되고 있습니다. 정치적 신념과 사상적 신념에 의해 합리적인 토론과 정책 대결을 하는 것이 아니라 정치적 상대방을 특정한 용어로 단죄하는 것은 우리의 부끄러운 현실이라고 할 수 있습니다. 정치적 혐오 표현들은 대개 극단적이며 감정적이며 공격적인 특징이 있습니다.

외국인에 대한 차별과 혐오가 급증하고 있다

2018년에 제주도 난민 사태를 겪으면서 제주도에 온 난민들에 대한 근거 없는 이야기들이 떠돌아다니며 난민에 대한 혐오와 차별적인 용어와 행동들이 급증했습니다. 정부가 난민 수용을 절차에 따라 진행하였지만, 표출된 난민 혐오는 국제적으로 우리나라를 난민 차별 혹은 인권위험 국가라는 이미지를 심어주기도 했습니다.

이주 외국인이나 이주 노동자에 대한 차별이나 혐오의 정서 역시 우리가 극복해야 할 과제입니다. 동남아 출신, 중국 출신에 대한 사람들의 냉담하고 무시하는 시선들은 여전하며, 그들은 우리 사회에서 환대받고 있지 못하다고 느낍니다.

갑질 현상이나 경제적 지위에 따른 차별 역시 혐오와 차별이다

2020년 아파트 입주민의 폭언과 갑질로 인해 경비원 두 사람이 자살한 사건이 발생하였습니다. 적지않은 사회적 파장이 일어났습니다. 그리고 재벌 일가가 승무원과 가정부에게 갑질을 한 사건은 사회적 공분을 일으켰습니다. 피부 색깔이나 성별, 출신 지역이나 민족, 성적 취향이나 정치적 입장을 넘어 경제적 지위에 따라 구체적인 차별이 가해진 참담한 경우입니다.

경제적 지위나 재산에 따라 갑과 을을 구분짓는 분위기는 어느덧 어린 학생들에게도 자리잡아 차별적인 문화가 형성되고 있다는 것이 문제입니다. 학생들 안에서 임대아파트 출신이냐 어느 아파트 출신이냐로 그룹을 나눈다는 이야기가 있을 정도입니다. 이러한 편가르기 식의 차별은 우리 사회를 더욱더 병들게 하는 사회악이 아닐 수 없습니다.

혐오와 차별이 없는 사회를 향하여

시민들의 의식변화 : 혐오에서 관용으로

혐오를 줄이기 위하여 먼저 시민들의 의식이 바뀌어야 합니다. 다른 사람을 존중하고, 특히 나와 다른 사람들을 받아들이는 관용의 마음을 가져야 합니다. 관용은 나와 다른 사람들의 차이를 인정하고 이를 용인하고 너그러운 태도로 남을 받아들이는 것을 말합니다.

관용은 배타성, 공격성, 혐오와 정반대의 태도입니다. 우리 사회의 관용수준을 높일 때 혐오와 차별을 줄일 수 있을 것입니다. 그리고 혐오의 부정적 영향과 관용의 긍정적 영향을 널리 알리는 일도 필요합니다. 관용은 자발적인 실천입니다. 관용의 문화가 확산되면 우리 가운데 극단적 언어들과 차별적 행위들이 점점 축소될 것입니다. 우리 가운데 만연한 혐오 표현을 없애는 노력은 '표현의 자유'를 제한하는 게 아니라 진정한 의미에서 표현의 자유를 확장하는 것임을 알아야 합니다. 다른 사람과의 차이를 인정하는 마음, 다양성을 존중하는 사회, 약자와 소수적인 사람들을 환대하고 관용하는 태도가 혐오와 차별을 극복하는 가장 빠른 길일 것입니다. 이를 위해서는 먼저 나의 입술과 나의 태도부터 살펴보아야 할 것입니다.

제도적 법적 제어장치 : 차별 금지법

혐오 표현과 행동은 저절로 사라지지 않습니다. 관용하는 사람이 많아져도 소수의 극단적인 혐오 세력들이 활개를 치면 혐오는 확대 재생산되기 때문입니다. 그러므로 사회적인 노력이 필요합니다. 즉 혐오와 차별을 규제하는 법적이고 제도적인 노력이 필수적입니다. 독일의 경우, 자유권 규약 제20조 2항은 '차별, 적의 혹은 폭력의 선동이 될 모든 증오의 고취는 금지할 수 있다'고 규정하고 있다고 합니다. 그리고 실제로 국적, 인종, 종교, 출신민족으로 이뤄진 집단 및 개인에 대한 증오를 선동하면 3개월 이상 5년 이하의 징역형을 선고하고 있고, 혐오 표현을 담은 게시물을 삭제하지 않은 SNS 기업에는 최대 벌금 5,000만 유로를 부과하고 있다고 합니다. 인권 보호 수준이 비교적 높은 캐나다 및 프랑스 등도 징역형으로 혐오 표현을 규제하고 있다고 합니다.

이에 비해 우리 나라의 경우 법적 규제가 매우 미약하였습니다. 포괄적 차별금지법이 발의되어 숙의되고 있는 과정 중에 있다고 합니다. 반대의견을 제시하거나 미비점을 지적하는 입장도 있지만 절대다수의 국민들이 찬성하여 사회적 합의가 마무리 되어가고 있습니다. 국제적으로 모범이 되는 차별금지 법규가 제정되고 시행되어 우리 사회가 보다 성숙하는 바탕이 되어야 할 것입니다.

반대 의견 말하기

개인적으로 실천해야 할 일도 있습니다. 내가 혐오 표현을 쓰지 않는 것과 차별 행위에 가담하지 않는 것입니다. 이와 함께 보다 적극적인 태도를 가지고 실천해야 할 일이 있습니다. 나를 대상으로, 혹은 다른 사람이나 집단을 대상으로 혐오나 차별이 가해질 때 이에 대한 분명한 반대 입장을 표현하는 것입니다. 그것은 피해자를 보호하는 일이며, 가해자가 스스로 돌아보아 자신을 변화시키도록 돕는 일입니다. '나는 반대합니다', '그것은 혐오 표현입니다', '그것은 차별하는 행위입니다'고 말하는 사람들이 많아질수록 혐오와 차별의 확산을 제어할 수 있을 것입니다.

차별금지법

대한민국의 차별금지법은 대한민국 헌법의 평등 이념에 따라, 정치·경제·사회·문화 등 모든 생활영역에서 합리적 이유가 없는 모든 형태의 차별을 금지하는 내용을 담고 있는 대한민국의 법률안 및 조례안으로, 국가인권위원회법에서 일부 내용을 정하고 있으나 중앙 정부에서는 2007년 대한민국 제17대 국회에서 처음 발의된 이래 새로 출범하는 국회마다 계속하여 발의되고 있으나 기독교 보수성향 교단을 중심으로 하여 동성애를 문제 삼으며 반대하고 있다. [출처:위키백과]

관용

관용이란 프랑스의 똘레랑스(tolérance)를 번역한 용어로, 나와 다른 사람들의 차이에 대한 용인이나 너그러움을 의미한다. 프랑스에서 강조하는 핵심가치인 똘레랑스는 사실 관용의 사전적 의미와는 약간 차이가 있다. 관용은 나와 상대의 관계를 수직적 관계로 설정하고, 상위자가 하위자의 잘못을 용서해주거나 너그러이 이해해 준다는 의미를 담고 있고, 감정적인 너그러움의 성격을 내포하고 있다. 그러나 똘레랑스는 나와 상대를 동등한 주체로 인정하고, 타인에 대한 존중이 나에게 대한 존중으로 돌아온다는 것을 전제로 이성적으로 상대를 배려하고 존중하는 것을 의미한다. 더불어 관용은 인간존엄과 평등을 기반으로 자신과 마찬가지로 타인의 권리를 보장해준다는 의미도 내포하고 있다. 똘레랑스의 의미와 등가성을 띈 한국어가 없어 관용이라는 용어가 사용되고 있으나, 똘레랑스의 의미로 이해해야 한다.

[인용 : 김아래미. 혐오가 아닌 관용으로 실질적 자유를 누리는 사회. 참여연대 사회복지위원회. http://www.peoplepower21.org/Welfare/1696438]

보다 깊은 생각을 위한 질문들과 생각(토론) 거리

 질문

Q1. 여러분 부모님께서 "쟤는 공부를 못하니까, 임대 아파트에 사니까, 아빠가 술주정뱅이니까 사귀지 말라"고 하시면 어떻게 하시겠습니까?

Q2. 여러분은 혹시 친구나 다른 사람들로부터 차별적인 시선이나 태도로 모욕감 내지 수치심을 느낀 적은 없습니까? 구체적인 사례로 말해 주세요.

Q3. 우리나라에 들어와 있는 이주노동자, 다문화가정의 아이들에 대해서 우리는 어떤 태도를 가져야 할까요? 내가 그들의 입장이 되었다고 생각할 때, 그들이 겪는 어려움은 어떤 것들이 있는지 알아 봅시다. 태도, 언어, 관계를 맺는 방법 등 해결방법을 생각해 보세요.

 토론주제

1. 혐오나 차별적인 행동 없이 온라인이나 일상 생활 속에서 표현하는 것을 막는 것은 표현의 자유를 막는 것이 아닐까요?
   - 개인의 표현의 자유를 막는다고 과연 혐오와 차별이 없어질까요?
   - 그러한 표현이 온라인상에서 사용할 때와 책, TV에서 사용될 때의 차이점은 어떠한가요?

2. 코로나19가 중국에서 시작된 직후 일어난 국내 중국인 혹은 조선족에 대한 혐오 발언에 대해 어떻게 생각하나요?
   - 전염병 예방 차원에서 당연한 조치라고 생각하시는지요?
   - 중국을 경유한 외국인 입국을 금지하지 않은 조치가 코로나 사태의 원인이라는 주장에 대해서는 어떻게 생각하나요?

3. 아파트 경비원의 자살 사건은 개인적인 수치심과 모멸감으로 볼 것인지, 아니면 사회적 갑을 분위기 로 봐서 강력한 규제가 필요한지에 대해 어떻게 생각하는지요?
   - 개인적인 문제로 봐야지 너무 사회적인 위기상황으로 몰고 가는 것은 아닌지요?
   - 근로계약상 당연한 지시사항과 일에 대한 미숙함을 지적한 것에 너무 과하게 반응한 것이 아닌지요?

더 깊은 이해와 학습을 위해 도움이 되는 자료들

[책]

작지만 위대한 일들. 조디 피코 저, 노진선 역, 북폴리오. 2018. 12. 17. 원제|Small Great Things.

헬프(HELP)1,2. 캐스린 스토킷 저, 정연희 역, 문학동네. 2015. 5. 15.

1964년 여름. 데버러 와일즈 글, 제롬 리가히그 그림, 김미련 역. 느림보, 2006. 7. 10.

앵무새 죽이기. 하퍼 리(소설가) 저, 김욱동 역, 열린책들. 2015. 6. 30.

내 안의 차별주의자 : 보통 사람들의 욕망에 숨어든 차별적 시선. 라우라 비스뵈크 저, 장혜경 역, 심플라이프. 2020. 7. 10.

[언론기사]

자살한 아파트 경비원이 주민에 남긴 유서엔. 김용국, 한겨레. 2012. 2. 17.

공중화장실 '남녀 분리' 대상 늘리고 여성 상대 강력범죄자 '최고형' 구형. 한대광,최희진, 경향신문. 2016. 6. 1.

트랜스젠더: 강제전역된 최초 성전환 수술 현역 부사관. 김형은, BBC코리아. 2020. 1. 22.

'우한 폐렴'이 아니다...'신종 코로나바이러스 2019'다. 뉴스톱. 2020. 1. 23.

입주자 대표회장이 '갑질 논란'… 의왕 아파트 대표자회의 파행. 민정주, 경인일보. 2020. 7. 2.

[논문]

여성혐오 담론분석을 통해 본 사회적 갈등 대응 방안 연구. 강희영, 최유정. 서울시 여성가족재단. 서울시 여성가족재단 연구사업보고서. 2019. 12.

온라인 혐오표현 규제 쟁점과 대안 : 규제기관담당자, 시민단체활동가, 연구자 및 피해경험자심층면접을 중심으로. 김수아, 강민정, 이동후 외 1명. 한국언론정보학회, 한국언론정보학보. 2020. 6.

젠더 평등이라는 '환상'과 '여성혐오', 박찬효. 〈한국의 가족과 여성혐오,1950–2020〉. 조영실, 대한기독교서회, 기독교사상. 2020. 5.

'집단표시에 의한 모욕죄'와 혐오표현. 이영희, 이재진. 한국언론법학회. 언론과 법. 2020. 4.

"차별과 혐오의 배경과 양상, 대응" 이승현(연세대학교 법학연구소 전문연구원). 국가인원위원회, 한국사회 혐오표현 진단과 대안 마련을 위한 토론회 자료집.

[영화]

벌새. 김보라 감독. 박지후/ 김새벽 주연. 2019.

히든 피겨스. 데오도르 멜피 감독. 타라지 P.헨슨/ 옥타비아 스펜서/ 자넬 모네 주연. 2017.

오아시스. 이창동 감독. 설경구/문소리 주연. 2002.

_____

주제 4
온라인수업

온라인수업, 이제 익숙해졌다.
'온라인수업'은 이에 찬성하느냐, 반대하느냐를 토론할 주제가 아니다.
이미 우리의 현실이 되어 버렸기 때문이다.
그렇다면 그 단점과 한계를 인식하고
시행착오를 극복하는 것이 필요하다.
온라인수업은 학교의 존재 이유에 대해 질문을 던지기도 한다.
등교를 하지 않는데, 교실이 없어졌는데
학교는 왜 필요한가?
온라인수업은 사실 우리 시대의 변화의 코드를 읽어내는
중요한 열쇠가 되기도 한다.
우리 모두는 거대한 변화의 중심부에 서있다.

관련주제 및 키워드

코로나19와 온라인수업, 오프라인수업, 원격수업,
교실은 필요한가?, 디지털 소외, 학교생태계, 학습생태계

글쓴이 · 최원용

한진연 입시전략 연구소 수지 센터장 / 유웨이 수능 국어 분석 자문 위원
수원시 학원 자율 정화 위원 / 더 국어 논술 학원 원장
꿈틀. 이투스북 검토진

온라인수업, 팬데믹 시대에 교실은 필요한가?

코로나19가 앞당긴 온라인수업

코로나19는 지구촌 모든 사람의 일상생활에 영향을 미치고 있습니다. 2019년 12월 중국 우한에서 처음 발생해 급속히 퍼진 코로나19는 발생 3개월 만에 팬데믹 상황에 이르렀습니다. 그리고 코로나19의 감염 경로가 감염자의 비말(침방울)을 통해 이루어지므로 대면 접촉을 최소화하기 위해 비대면이 강조되고 있습니다. 우리는 사람들이 있는 곳에서는 마스크를 써야 하고, 적절한 거리를 확보해야 합니다. 그렇다고 사회적 활동이나 노동을 중지한다면 사회는 완전히 마비되고야 말 것입니다. 따라서 직접 사람을 대면하지 않고 일을 하는 비대면 방식의 접촉이 확산되고 있습니다. 비대면 화상회의. 재택근무, 온라인 음악 공연 등이 그것입니다.

학교 역시 예외가 아닙니다. 학교에 등교를 할 수 없게 되었고, 온라인수업으로 대체되기 시작했습니다. 2020년 1학기에 대학교들은 개강을 연기한 후 1학기 전체를 사이버 강의로 대체했습니다. 초·중·고등학교의 경우 3월 2일이었던 개학이 9일, 23일, 4월 6일, 4월 9일로 연기 되더니 4월 9일부터 온라인 개학을 순차적으로 실시했습니다. 이후 5월 말이 되어서야 현장 수업을 진행하였습니다. 하지만 많은 전문가들이 코로나19의 재확산을 예상하고 있어 언제 다시 전면 온라인수업으로 대체될지 모릅니다. 따라서 학교와 교사, 학생, 교육당국 등 모든 교육 주체들이 이에 대해 더 철저한 준비가 필요한 상황입니다.

우리가 알아야할 중요한 사실이 하나 있습니다. 온라인교육은 코로나19 때문에 처음 시작된 것이 아니란 것입니다. 사실 온라인교육은 코로나19 확산 이전에도 부분적으로 시행되고 있었습니다. 코로나19 확산 이전부터 인공지능, 빅데이터, 사물인터넷, 증강가상현실 기술 등으로 대표되는 4차 산업혁명 시대의 시작은 교육 영역에도 큰 영향을 미쳤습니다. 특히 초연결, 초고속, 초저지연으로 정의되는 5G 시대의 개막은 에듀테크(edu-tech)의 발전과 확대를 요구하고 있었습니다. 코로나19 감염병의 확산은 그 시기를 급속히 앞당기는 촉매제가 된 것입니다.

온라인수업의 정의와 유형

온라인수업은 통신 회선을 통해 실제 교실에서 받는 것과 같이 이루어지는 수업을 말합니다. 우리나라는 세계적인 인터넷 강국인 만큼 2004년 4월부터 한국교육방송공사가 EBSi를 개설해 흔히 '인터넷 강의'라고 불리는 온라인 강의를 무료로 시작했습니다. 이후 많은 사교육 업체들도 온라인 강의 시장에 참여해 온라인 강의를 유료로 판매하고 있습니다. 하지만 지금처럼 모든 학교의 정규 교과 과정을 온라인수업으로 진행한 적은 없었습니다. 온라인수업은 학교별로 '실시간 쌍방향형', '콘텐츠 활용형', '과제 수행형' 등 3개 유형을 활용해 진행됩니다.

실시간 쌍방향형은 교사와 학생이 화상 연결로 수업하는 것이며 대표적인 플랫폼으로 ZOOM, 행아웃, 마이크로소프트 팀즈 등이 있습니다. 콘텐츠 활용형은 EBS온라인 강의나 학교 교사가 직접 녹화한 강의를 보는 것으로 단방향 수업입니다. 대표적인 플랫폼으로 EBS온라인클래스나 구글 클래스룸, 위드랑 등이 있습니다. 과제 수행형은 독후감 등 과제를 내주고 확인하는 방법입니다. 대면 접촉을 피하기 위해 카톡, 네이버 밴드, 구글 드라이브 등을 통해 이루어집니다.

온라인수업의 장점과 시대의 흐름

온라인수업을 원하든 원하지 않든, 그것이 효과적이든 비효과적이든 이제는 온라인원격수업을 할 수 밖에 없는 상황입니다. 즉 온라인수업은 우리의 현실이 되었습니다. 그렇다면 그 장점과 단점을 파악하고, 발생된 문제점들을 해결하고 장점들을 살려나가는 것이 지혜입니다.

온라인수업의 장단점에 대해 교원, 학부모, 학생 등을 대상으로 한 여러 설문조사가 이루어지고 있습니다. 인크루트와 알바콜은 2020년 3월 16일부터 19일까지 4일간 '코로나19

여파 온라인 강의 어떻습니까?'를 주제로 대학생 558명에게 설문조사를 실시했는데, 이 설문조사에서 대학생들은 감염 우려를 줄일 방법, 등·하교에 드는 시간 및 비용 절약, 공간 제약 없이 수업을 들을 수 있음, 효과적인 복습 가능 등을 온라인수업의 장점으로 이야기했습니다. [대학생이 꼽은 '온라인 강의' 단점 10가지, 이두익 기자. 이코리아, 2020.3.24]

이후 5월 13일에는 경남일보가 전주지역 학생 50명과 학부모 50명을 대상으로 한 설문조사 결과를 발표했습니다. 이에 따르면 응답자들은 온라인수업의 장점을 코로나19 감염 예방 가능, 충분한 수면시간, 자율적인 학습, 통학시간 절약, 규칙적인 생활 가능, 수업시간 유동적 조절 가능 등으로 꼽았습니다.

그리고 6월 23일 '2020 전남 교육 희망포럼'에서 전남교육청은 전남지역 교원과 학부모, 학생을 대상으로 한 설문조사 결과를 발표했습니다. 이 조사는 지난 6월 8일부터 11일까지 4일간 전남 지역 교원, 학부모, 학생 등 4537명을 대상으로 진행되었는데 교원들은 '다양한 디지털 콘텐츠 활용과 공유, 수업녹화로 반복학습 가능' 등을 온라인수업의 장점으로 꼽았습니다. [이상 참고자료 : 온라인수업 장단점 뚜렷, 경남일보. 2020.5.13]

이러한 통계결과들을 바탕으로 정리하면 코로나19 감염 예방과 이동 시간 절약, 효과적인 학습 등이 온라인수업의 장점임을 알 수 있습니다. 특히 코로나19 방역 모범 사례로 꼽혔던 싱가포르가 지난 3월 23일 섣불리 개학했다가 유치원 집단 감염 발생으로 인해 2주 만에 재택학습으로 전환한 사건은 많은 사람들에게 비대면 온라인수업의 필요성을 심어주었습니다.

온라인수업의 단점과 한계

여러 설문조사 내용을 바탕으로 온라인수업의 단점을 알아보겠습니다.

대학생들은 온라인수업의 단점으로 대체물 과제의 증가, 일관되지 않은 수업 방식(녹화 or 실시간) 및 수업 플랫폼 사용으로 인한 혼란, 출결 관리의 어려움, 빈번한 서버 다운 및 접속의 어려움, 수업 시청의 어려움(목소리 전달이 잘 안 됨, 저화질로 자료나 문장 확인 어려움) 등을 꼽았습니다. 또한 집중력 저하와 수업 중 문답, 질의의 어려움, 팀 프로젝트 수행의 어려움 등도 온라인 강의의 단점으로 꼽혔습니다. [대학생이 꼽은 '온라인 강의' 단점 10가지, 이두익

기자. 이코리아, 2020.3.24]

학부모의 경우 컴퓨터 사용 시간의 증가 및 시력 저하, 올빼미족 생활, 지나친 컴퓨터 의존도, 일방적 방식의 수업, 친구와의 만남 감소, 학부모의 지속적 관리, 잦은 수업 끊김 현상 등을 온라인수업의 문제점으로 답했습니다. 특히 컴퓨터 사용 능력과 수업 집중력이 부족한 저학년 자녀를 둔 학부모의 경우 수업 준비뿐만 아니라 질의응답까지도 학부모가 대신해야 하는 경우가 많아 온라인수업을 학부모 수업이라고 하는 말까지 등장하기도 했습니다.

교사들 역시 담당 학생들을 직접 만나지 못하고 온라인수업을 진행하다보니 라포 (rapport, 심리적 유대감) 형성에서 어려움을 겪고 있습니다. 그리고 수업의 준비와 진행을 위해서 훨씬 많은 준비와 에너지가 필요하다고 합니다. 비대면 수업으로 인한 학생들의 집 중력 저하를 막기 위해 한 시간짜리 수업을 준비하는데 아이디어 고민부터 촬영, 편집까지 며칠이 걸린다고 합니다. 실제로 티처빌 원격교육연수원이 지난 4월 1일부터 2일까지 이틀간 교사 340명을 상대로 설문조사를 한 결과 온라인 학급을 운영하는데 있어 가장 어려운 점으로 '학생들과의 소통, 영상 제작, 라이브 수업'을 꼽았습니다. 학생들의 경우 '서버 불안정과 학생 능력에 따른 학습성취도의 차이, 질의응답의 어려움' 등을 주요 단점으로 대답했습니다.

이 외에도 학교별 수업 역량 차이, 스마트 기기 부족 문제, 교사 및 학생들의 사생활 노출 문제, 온라인 콘텐츠 부족과 저작권 문제 등이 온라인수업의 단점 및 한계로 지적되고 있습니다. 이러한 문제와 한계를 정리해 보면 비대면으로 인한 소통의 어려움, 학부모의 관심과 학생의 능력에 따른 학력 격차 심화, 과도한 업무, 부족한 제반 시설 등이 온라인수업의 단점임을 알 수 있습니다. [이상 참고자료 : 온라인수업 장단점 뚜렷, 경남일보. 2020.5.13]

그리고 교육격차가 심해질 것이라는 우려가 발생하고 있습니다. 온라인교육 중심으로 학교 교육이 진행되면서, 자기 집에 인터넷 시설이 없거나 디지털 기기 사용에 미숙한 학생들은 학습에 큰 어려움을 겪습니다. 실제로 빈곤 가정 및 다문화 가정에서의 스마트 기기 부족 문제는 디지털 격차에 의한 교육 소외로 이어질 수 있습니다. 그리고 교사나 부모의 직접적인 돌봄이 있을 경우에 학습 효과가 높아지는 학생들의 경우에 학습에 집중할 수 없습니다. 특히 집중력이 약하거나 산만한 학생들의 경우에도 그럴 것입니다. 교육시민단체인 '사교육걱정없는세상'의 설문조사에 따르면 응답자의 61%는 온라인수업에 따른 교육격차가 발생할 것이라고 대답했습니다. 2020년 상반기에 이루어진 온라인원격교육의 결과 학력 격차가 더 벌어졌다는 조사통계도 발표되었습니다. 중위권 성적의 학생들이 줄어들고 하위권 학생이 늘어났다는 것입니다. [참고자료 : 성적 중위권 학생 대폭 감소 하위권 급증, 코로나19로 학력격차 더 벌어져. 이휘빈 기자, 전남도민일보, 2020.7.21]

온라인 – 오프라인수업, 전혀 다른 수업인가, 본질상 같은 것인가

온라인수업과 오프라인수업은 '수업'이라는 점에서는 똑같습니다. 그러나 여러모로 다릅니다. 우리가 경험하는 학교 교육을 중심으로 온라인수업과 오프라인수업(교실수업)의 관계에 대해 살펴봅시다.[참고 : 교사가 진짜 궁금해하는 온라인수업, 손지원 외 10인 저, 학교도서관저널. 12쪽]

다르게 보이는 이유 알기

온라인수업은 학생들이 학교가 아닌 가정에서 수업을 듣습니다. 그리고 실시간 쌍방향수업이 아닌 경우에 교사가 준비한 교육콘텐츠(수업내용)을 시간차를 두고 학습하는 경우가 발생하기도 합니다. 이 경우 마치 인터넷강의와 같다는 느낌을 갖게 됩니다. 그리고 교실에서 친구들과 함께 수업에 참여한다는 느낌을 가지기 힘듭니다. 그래서 표면적으로 보면 분명한 차이점들이 보입니다. 즉 교실수업과 전혀 다르게 느끼는 것입니다.

'수업'이라는 본질은 같은 교실의 연장선

하지만 온라인수업은 오프라인수업과 전혀 다르지 않다고 할 수 있습니다. 수업이 이루어지는 물리적 공간이 다르고 자료를 제공하는 방법과 수업의 형태는 다르지만 학교를 통해 학습을 한다는 점에서 본질적으로 같다고 할 수 있습니다. 즉 학생들이 지식을 습득하고 학습의 목표에 도달할 수 있도록 설계된 학습과정을 통해 수업이 진행됩니다. 그리고 비록 온라인 방식이지만 교사와 친구와 연결되어 함께 공부를 하고 있습니다. 그런 면에서 다른 공간에서 펼쳐지는 하나의 교실이라고 볼 수 있습니다.

오프라인수업이 지니는 한계를 보완할 수 있는 장점

온라인수업은 분명히 여러 가지 단점이나 아쉬운 점이 있지만 분명 장점도 있습니다.

학생들은 자신의 능력이나 학습 속도에 맞추어 수업을 들을 수 있습니다. 그리고 수업을 들으면서 놓치거나 이해되지 않는 부분이 있으면 영상을 다시 보면서 복습을 할 수도 있습니다. 그리고 비교적 자유로운 공간에서 통제를 받지 않고 공부를 한다는 점에서 자기주도적인 참여의 자율성이 더욱 높습니다. 자칫 산만해지거나 공부를 하는 척만 할 수도 있지만 '자율성'과 자발적인 '참여'를 익히게 됩니다.

교사들도 여러 가지 프로그램을 통해 과제를 점검하거나, 교사 본연의 업무인 수업 연구에 보다 몰입할 수 있습니다. 그리고 자칫 방치되거나 따라잡지 못하는 학생들이 없도록 학생이나 학부모와의 소통에 보다 힘쓰기도 합니다.

온라인수업으로 학교수업 즉 교실수업을 100% 대체할 수는 없을 것입니다. 하지만 온라인수업이 일시적으로 진행되고 교실수업을 보충하는 방식으로 진행된다면 온라인수업은 좋은 학습 경험이 될 것이라고 봅니다. 온라인수업을 찬성하느냐/반대하느냐는 토론만큼 어리석은 것이 없습니다. 이것은 이미 우리의 현실이기 때문입니다. 온라인수업의 단점만 강조하는 것도 어리석습니다. 문제점들을 발견하고 함께 극복해 나가는 노력이 더 중요합니다. 그리고 그 장점을 최대한 살려서 우리의 학교생활과 공부에 도움이 되도록 하는 지혜가 필요합니다.

온라인수업, 학교에 물음을 던지다

2020년에 잠시 실시된 전면적 온라인수업은 몇몇 시행착오들을 일으켰습니다. 그것은 코로나19의 급격한 확산으로 인해 모든 학교가 준비가 덜 된 상태에서 온라인수업을 급히 실시해야했기 때문입니다. 늘어난 접속자를 감당하지 못해 서버가 다운되는 일이 잦았고 접속 장애 역시 빈번하게 발생했습니다. 현장 교사들 역시 많은 어려움을 겪으며 수고를 했습니다. 지금까지 교실현장에서 강의 위주로 수업을 진행하던 교사들이 갑자기 온라인수업을 진행해야 했습니다. 온라인수업의 매체가 되는 플랫폼의 선택도 각 학교에서 알아서 선정해서 진행해야 했습니다. 그리고 영상 촬영, 편집, 업로드 등 다양한 부분에서 문제점들이 속출했습니다. 게다가 온라인수업은 그 특성상 학부모들도 수업 영상을 볼 수 있는 공개 강의나 마찬가지입니다. 그래서 온라인수업 경험이 적은 현장 교사들은 부담감을 느낄 수밖에 없어 평소보다 더 긴장하게 되어 수업의 질이 떨어지는 일들도 생겼다고 합니다. 그래서 EBS 교육 콘텐츠로 온라인수업을 대신하는 형태로 진행되는 경우도 많았다고 합니다.

온라인수업은 또다른 질문을 던지고 있습니다. 그것은 학교의 존재이유와 관련됩니다. 온라인수업만으로 수업을 한다면 과연 학교는 왜 필요한가?라는 문제제기입니다. 학생들이나 학부모들이 온라인수업만으로 이루어지는 수업으로 만족하지 못하기 때문입니다. 게다가 동영상을 직접 촬영 제작해서 올리면 유명 강사의 강의와 비교가 되고, EBS 콘텐츠로 대체하면 교사무용론, 학교무용론이 등장해 이렇게도 저렇게도 하기 힘든 상황이 되어버렸습니다. 단순히 지식을 전달하는 것이 학교의 존재 이유라면 그것은 학원에서 제공하는 인터넷 강의나 EBS 강의와 다르지 않습니다. 아니 그보다 못한 경우가 더 많다고 말하기도 합니다. 학교의 존재 이유가 결코 지식 전달에만 있지 않다는 것이 분명하므로 학교의 존재 이유, 즉 교실은 왜 존재하는가 하는 질문을 던지게 되는 것입니다.

온라인수업으로 주목하게 되는 학교 생태계

온라인수업은 많은 사람들이 학교의 존재 이유에 대해 고민하게 만들었습니다. 그리고 이에 대한 해답을 찾는 과정에서 학교에 대한 생태학적 접근이 주목을 받고 있습니다.

생태학적 관점은 어떤 유기체와 환경 사이의 밀접한 관련성을 강조하면서 한 부분의 변화가 다른 부분의 변화를 야기한다는 것을 강조합니다. 즉 학교의 생태계 전체가 학생들의 지식적, 감정적, 관계적, 신체적 발달을 만들어가는 생태계라는 것입니다. 따라서 수업의 진행 방식이 어떻게 진행되어야 하는가 하는 점보다 학교의 생태계가 학생에게 미치는 영향을 전체적으로 바라보게 합니다.

이를 학교에 적용하면, 학생과 학교는 유기적으로 상호 작용하게 됩니다. 이를 통해 학교의 생태계가 학생들에게 영향을 미치고, 반대로 학생의 변화가 학교에도 영향을 줄 수 있습니다. 그리고 이 상호 작용에는 학생과 학생, 교사, 학부모, 학교, 지역사회 등 관련되는 모든 교육 주체들 간의 상호작용 및 상호의존성도 포함됩니다. 따라서 학교에서 교사는 사회화 기관인 학교의 역할에 맞게, 학생이 현대 사회에서 요구하는 능력을 키울 수 있게 학생들을 가르치고 사회와 연결해 줘야 합니다. 교육 당국은 교육목적에 따라 효율적인 교육을 실시하는 것이 중요한 만큼 학생들의 요구와 기대를 반영하여 학교의 환경을 가장 적합하게 만드는 것도 중요합니다. 어떻게 보면 온라인수업 방식은 학교 생태계라는 교육환경의 작은 한 부분을 차지하는 것이라고 할 수 있습니다.

지금 세계는 4차 산업혁명의 시기의 한 가운데에 있습니다. OECD는 지식기반사회의 핵심 역량 중 하나로 다양한 사회 그룹에서 인간관계를 형성하는 능력을 선정했습니다. 이는 타인과 원활하게 인간관계를 구축하는 능력이며 협동하는 능력 그리고 이해충돌을 제어하고 해결하는 의사소통 능력을 말합니다. 많은 선생님들이 코로나19로 인해 온라인수업을 하며 교사와 학생, 학생과 학생 간 상호작용과 정서적 교감의 어려움을 느낀다고 합니다. 직접 대면하여 소통하고 상호작용을 할 때만이 느낄 수 있고 할 수 있는 일들이 있기 때문입니다. 학생들에게는 교실이 필요합니다. 친구들도 필요합니다. 스포츠와 놀이와 문화예술 활동과 동아리 활동도 필요합니다.

코로나19 펜데믹은 학교생태계에 근원적인 타격을 가해버렸습니다. 하지만 모든 이들이 교실 수업과 온라인 원격수업 그 이상의 환경을 기대합니다. 역설적이게도 코로나19로 인한 언택트 시대는 사람들에게 컨택트(contact, 접촉과 만남)의 중요성을 깨닫게 하고 있습니다. 온라인수업은 우리가 공부하는 하나의 방식이 되었습니다. 온라인수업과 교실수업, 그리고 교실과 학교운동장과 친구들 및 선생님들과의 생태적 만남으로 이루어지는 더 좋은 학교를 만들어가는데 우리 학생들도 하나의 주체가 되어야 할 것입니다.

4차 산업혁명(Fourth Industrial Revolution) : 인공지능(AI), 사물인터넷(IoT), 로봇기술, 드론, 자율주행차, 가상현실(VR) 등이 주도하는 차세대 산업혁명을 말한다. 이 용어는 2016년 6월 스위스에서 열린 다보스 포럼(Davos Forum)에서 포럼의 의장이었던 클라우스 슈밥(Klaus Schwab)이 처음으로 사용하면서 이슈화됐다. 당시 슈밥 의장은 "이전의 1, 2, 3차 산업혁명이 전 세계적 환경을 혁명적으로 바꿔 놓은 것처럼 4차 산업혁명이 전 세계 질서를 새롭게 만드는 동인이 될 것"이라고 밝힌 바 있다.

사물인터넷(IoT · internet of things) : 생활 속 사물들을 유무선 네트워크로 연결해 정보를 공유하는 환경을 말한다. 즉, 각종 사물들에 통신 기능을 내장해 인터넷에 연결되도록 해 사람과 사물, 사물과 사물 간의 인터넷 기반 상호 소통을 이루는 것이다. 이를 통해 가전제품과 전자기기는 물론 헬스케어, 원격검침, 스마트홈, 스마트카 등 다양한 분야에서 사물을 네트워크로 연결해 정보를 공유할 수 있다.

에듀테크(Edutech) : 에듀테크는 교육(education)과 기술(technology)의 합성어로 교육과 정보통신기술을 결합한 산업. 교육에 미디어, 디자인, 소프트웨어(SW), 가상현실(VR), 증강현실(AR), 3D 등 정보통신기술(ICT)를 접목해 학습자의 교육 효과를 높이는 산업으로 에드테크(Ed-Tech)라고도 한다. 단순히 교육을 온라인으로 제공하는 이러닝(e-learning) 단계를 넘어 개개인의 수준에 따른 맞춤 교육까지 가능해 새로운 학습 경험을 제공한다는 점에서 기존 교육 현장을 변화시키는 데 중요한 역할을 하고 있다.

라포(rapport) : 상담이나 교육을 위한 전제로 신뢰와 친근감으로 이루어진 인간관계이다. 상담, 치료, 교육 등은 특성상 상호협조가 중요한데 라포는 이를 충족시켜주는 동인(動因)이 된다. 라포를 형성하기 위해서는 타인의 감정, 사고, 경험을 이해할 수 있는 공감대 형성을 위하여 노력하여야 한다. 모든 인간관계와 소통에서 라포 형성은 중요하다. 특히 효과적인 장애 학생 교육이나 부모 상담을 위해서도 라포의 형성이 무엇보다 중요하다.

보다 깊은 생각을 위한 질문들과 생각(토론) 거리

 질문

Q1. 4차 산업혁명과 온라인수업은 무슨 관련이 있을까? 생각해 봅시다.

Q2. 온라인수업이 가져올 미래의 모습은 어떤 것이 있을지 생각해 봅시다.

Q3. 온라인수업의 단점 중 해결할 수 있는 게 있다면 그 방법을 생각해 봅시다.

Q4. '바람직한 학교 생태계'란 어떤 모습일까요? 학교, 선생님, 학생, 가정, 지역사회, 온라인수업−오프라인수업 등은 어떻게 연결되어 학교 생태계를 만들어갈까요?

 토론주제

〈토론1〉 온라인수업이 기존 현장 수업보다 학습에 더 효과적일까요?

〈토론2〉 '정부는 온라인수업 의무 시간제를 실시해야 한다.'는 주장이 있습니다. 찬성 혹은 반대의 입장에서 그 이유를 말해봅시다.

〈토론3〉 미래의 학교는 '교실이 필요없는 학교'가 될 것이라는 전망이 있기도 합니다. 1) 교실이 없어도 된다. 2) 교실이 있어야 한다. 이 두 가지 입장 중 하나를 선택해서 자기 주장을 해 보세요.

더 깊은 이해와 학습을 위해 도움이 되는 자료들

[책]

교실이 없는 시대가 온다. 존 카우치. 제이슨 타운. 어크로스. 2020. 4. 28.

에듀테크. 홍정민. 책밥. 2017. 7. 17.

궁금해요, 미래의 학습문화. 이주형. 아이이북. 2016. 12. 1.

[언론기사]

코로나19가 가져온 뜻하지 않은 미래 '온라인수업'. 김도훈. 연합신문. 2020. 4. 25.

온라인수업 장단점 뚜렷. 경남일보. 2020. 5.13.

대학생 10명 중 8명 "온라인 강의 불편해". 조현기. 뉴시스1. 2020. 3. 24.

2학기 숙제도 교육격차…등교·온라인 병행수업 계속 될 듯. 윤지수. 충청투데이. 2020. 7. 14.

학교를 왜 가야 하나 답해야 하는 시간. 변진경 기자. 시사인. 2020. 6. 18.

[논문]

온라인 실습 수업의 이상과 현실 차이. 송기영. 대한기계학회. 2020. 7.

코로나19, 언택트 사회를 가속화하다. 배영임·신혜리. 경기연구원. 2020. 5.

교육에서의 4차 산업혁명 기술 활용에 대한 기대와 우려. 김경애·류방란. 이화여대 교육과학연구소.
    2019. 9.

주제 5
기본소득

정부가 전 국민에게 매달 월급처럼 현금을 지급한다고?
이런 꿈같은 정책이
지구촌 몇몇 나라에서 실시되고 있다.
심지어 우리 사회에서도 '기본소득제' 논의가 시작되었다.
코로나19 재난으로 2020년 재난지원금이 많은 가정에 지급되었다.
재난지원금과 기본소득은 뭐가 다를까?
하지만 기본소득 제도를 반대하는 사람들은 의외로 많아.
왜 그럴까? 그건 돈이 넉넉하지 않기 때문이지.
그리고 돈을 퍼주는 정책은 위험하다고 생각하는 거야.
기본소득은 '복지사회' 이상과도 연관되고
우리 사회의 현실을 꿰뚫어보게 하는 주제이다.
이번에 제대로 이해해 보자.

관련주제 및 키워드
기본소득, 전국민재난지원금, 기본소득제,
보편적 복지, 복지사회

글쓴이 · 김미원
숙명여자대학교 교육대학원 교육심리학 전공 / 학부모 및 학생을 대상으로 콕콕 짚는 강연 활동 중
현)한진연 입시전략연구소 교육이사, 수원센터장 / 유웨이 입시 컨설턴트
오내학교 학부모 상담 컨설턴트

기본소득,
우리의 미래를 약속하는 대안인가

코로나19 바이러스에 의해 사회의 전반적인 활동이 약화되고 경제 활동이 위축되자 정부는 국민의 생활 안정을 위해 긴급재난 지원금을 지급하였습니다. 일반적으로 정부는 국민에게 세금을 걷어 국가 운영의 재원으로 사용하는데, 오히려 국가가 국민들에게 돈을 나누어준 것입니다. 처음 재난지원금 논의가 시작되자 많은 의견들이 쏟아지고 그것이 실행되기까지 정부와 정치권, 국민들의 의견은 분분하였습니다. 재난지원금이 주어지자 국민들은 이를 반겼고 경제적 위기에 빠진 사람들에게 적잖은 도움이 되기도 하였습니다. 아울러 이후 정치권에서는 '기본소득제'에 대한 논의가 활발해졌습니다. 복지제도와도 관련이 있는 기본소득 및 재난지원금, 그리고 그 실행 가능성에 대해 함께 생각해 봅시다.

기본소득이란 무엇인가?

기본소득은 국가 또는 지방자치체(정치공동체)가 모든 구성원 개개인에게 아무 조건 없이 정기적으로 지급하는 소득을 말합니다. 기본소득은 세 가지 점에서 기존의 복지 제도와 사뭇 다릅니다.

첫째, 기본소득은 보편적 보장소득입니다. 즉 국가 또는 지방자치체가 모든 구성원들에게 지급하는 소득입니다. 보통 복지 정책의 경우 소득 수준이나 여타의 기준에 따라 일부의 시민들만이 수혜대상이 되는 것과 다릅니다.

둘째, 무조건적 보장소득입니다. 즉 개인의 자산이나 소득에 대한 심사과정을 거치지 않고 소득을 지급합니다. 즉 부자인가 가난한 사람인가를 따지지 않습니다. 그리고 기본소득에 뒤따르는 책임이나 노동에 대한 요구가 전혀 없습니다. 즉 국민이기 때문에 지급하는 것입니다.

셋째, 개별적 보장소득입니다. 즉 가구 단위가 아니라 구성원 개개인에게 직접 지급합니다. 즉 5,000만 명의 국민이 있으면 5,000만 명 각자에게 지급하는 것입니다.

이처럼 기본소득제의 정신은 매우 이상적이고 파격적입니다. 기본소득제를 시행하기만 하면 국민의 기본적인 생활의 문제가 해결되고 가난의 문제가 해결되는 것처럼 보이기도 합니다. 즉 기본소득제는 보편적 복지의 원리를 담고 있다고 할 수 있습니다.

'기본소득' 사상의 등장에서부터 실행에 이르기까지

기본소득제는 서구 사회에서 처음 논의가 시작되었습니다. 16세기 르네상스 시대를 거치면서 사람들은 빈민들의 복지를 살피는 임무는 오직 교회나 자비를 베푸는 부자인 사람만이 하는 일이 아니라는 생각을 하기 시작합니다. 인문주의자들로 불리는 몇몇의 사상가들은 공공부조 형태의 '최소소득'이라는 아이디어를 말하기 시작했습니다. 1516년 루뱅에서 출판된 토마스 모어(1478~1535년)의 〈유토피아〉라는 책에서 음식 도둑의 형벌로 교수형을 처하지 말고 음식을 제대로 먹을 수 있는 생계수단을 제공하라는 내용을 싣기도 했습니다. 이는 곧 최저생계 혹은 최소소득 보장이라는 정신입니다.

최소소득 보장이라는 이러한 아이디어는 요하네스 루도비쿠스 비베스(1492-1540)라는 사람이 1526년 브뤼허 시장에게 보낸 "빈민 원조에 대하여"라는 보고서에서 명확하게 드러납니다. 그는 빈민 구호활동을 더욱 효과적으로 펼치기 위해서 지방정부가 모든 거주자들의 최소 생계를 보장하는 책임을 져야 한다고 제안했습니다. 즉 정부가 책임을 지고 공무원들이 빈민 구제를 담당해야 한다는 것입니다. 그 내용은 구제를 받아야 할 만큼 가난한 사람에게는 빈민구제 자격을 주고, 가난한 사람은 일할 의지를 증명함으로써 도움을 받아야 한다는 것이었습니다. 비베스의 소책자는, 빈민들을 대상으로 하는 공적 시혜 조치에 초점을 맞춘 사회사상과 제도 개혁의 오랜 전통을 맨 처음 체계적으로 표현한 것이라고 할 수 있습니다.

이후 공공부조를 정부의 본질적 기능으로 보는 사상가들이 등장하였습니다. 몽테스키외는 이렇게 말합니다. "국가는 모든 시민에게 안전한 생활수단, 음식, 적당한 옷과 건강을 해치지 않는 생활방식을 제공할 책임이 있다." 노벨문학상 수상자인 버트런드 러셀(1872~1970년)은 1918년 〈자유로 향하는 길〉에서 일을 하거나 하지 않거나 간에 필수품을 마련하기에 충분한 일정한 금액의 적은 소득은 모두에게 보장되어야 한다는 주장을 하였습니다. 또한 퀘이커교도이자 노동당원인 젊은 기술자 데니스 밀너(1892~1956년)는 〈국가 보너스를 위한 계획〉(1918년)이라는 책에서 '영국의 모든 시민들에게 조건 없이 매주 지급되는 소득의 도입'에 대해 언급하였습니다. 이러한 정신은 이후 메이저 더글라스(1879~1952년)의 '사회신용운동'이나 조지 D. H. 콜(1889~1959년)과 제임스 미드(1907~1995년)와 같은 경제학자들이 주장한 '사회 배당'의 정신으로 이어졌습니다.

이러한 사상의 흐름은 20세기 후반에 논의가 활성화되고 이를 실질적으로 사회 정책으로 추진하는 나라들이 생겨나기 시작했습니다.

미국에서는 1960년대에 '세 가지 최소소득 보장 접근법 논쟁'과 '전국민에게 소득을 보장할 것을 호소하는 활기찬 시민보조금 논쟁'이 일어났습니다. 덴마크에서는 〈중심부로부터의 반란〉(1978)라는 책이 발간되어 '시민임금'이라는 명칭으로 조건 없는 기본소득을 제안하여 베스트셀러가 되었습니다. 네덜란드에서는 선거 강령에 조건 없는 기본소득(basisinkomen)을 공식적으로 포함시킨 유럽 최초의 국회의원을 배출하고, 영국, 독일, 프랑스에서도 기본소득 논쟁은 계속되었습니다. 그리고 이러한 주장을 다른 국가와 함께 논의하는 기본소득유럽네트워크(BIEN)가 1986년 결성되어 호주와 뉴질랜드 등 비유럽 국가들까지 회의에 참여하기 시작합니다.

이러한 흐름은 프랑스의 최저통합수당(RMI, 1988년)과 포르투갈의 최저보장소득(RMG, 1997년) 등으로 나타났다고 할 수 있습니다. 그리고 최근에는 기본소득과 유사한 정책이 세계 곳곳에서 집행되기도 했습니다. 핀란드에서는 2017-2018년에 실업자 2,000명 중에서 실험 참가자를 모으고 직업을 구하든 못 구하든 상관없이 2년간 매달 560유로(한화 약 76만원)를 지급했습니다. 그 결과 참가자의 행복도는 높아졌지만, 실업자의 근로 의욕에는 별 영향을 미치지 않은 것으로 나타났다고 합니다.

재원 마련의 문제로 실험이 중단되거나 시행되지 못하는 경우도 있습니다. 캐나다 온타리오 주는 2017년 일정소득 이하 저소득층 4,000명에게 3년간 매달 1,320캐나다달러(한화 약 115만원)을 지급했지만, 1년 만에 재원 고갈 문제로 실험이 중단되었습니다. 또한 2016

년 스위스에서도 전 국민에게 조건 없이 매달 2,500스위스프랑(한화 약 320만원)을 지급하는 법안을 발의했지만, 기본소득이 근로의욕을 떨어뜨리고 막대한 재원부담만 안겨줄 것이라는 우려 탓에 국민투표에서 부결되었습니다.

이처럼 기본소득 논의는 이상론적인 사상에 머물지 않고 이를 실질적으로 실행을 하는 나라들이 생겨나고 있다고 할 수 있습니다. 즉 국가가 직접 국민들에게 포괄적인 최소소득 보장으로서의 기본소득을 지급하는 시대가 도래하기 시작하였습니다.

기본소득과 사회보장제도와의 차이

앞서 언급한 것처럼 기본소득은 모든 국민에게 일정한 소득을 지급하는 것입니다. 모든 국민을 대상으로 한다는 점에서 보편적입니다. 그리고 현금을 직접 지급한다는 특징이 있습니다. 이와 달리 사회보장제도는 모든 국민을 대상으로 하는 정책들과 특수한 상황에 처해있는 저소득층이나 사회적 약자를 대상으로 하는 다양한 정책으로 진행됩니다. 즉 모든 국민에게 일률적으로 적용하여 현금을 지급하는 기본소득제와는 상당히 다릅니다.

사회보장제도는 소득이 적은 저소득층의 사람들과 실업이나 질병이나 재해나 높은 연령 등의 이유로 생활에 불안과 위협을 받고 있는 국민들에게 국가가 최소한의 인간다운 생활을 보장하는 제도를 말합니다. '사회보장'이라는 말은 1935년 미국의 뉴딜 정책에서 처음 사용되었습니다.

사회 보장에서 가장 기초가 되는 것은 소득 보장입니다. 이를 위해 국가는 최소한의 소득을 보장하기 위하여 고용 정책, 실업 수당이나 실업 보험, 최저 임금 제도 등을 실시하게 됩니다. 그 이외에도 교육 보장, 의료 보장, 주거 보장 정책 등을 통하여 국민들에게 최소한 인간다운 삶을 보장하고자 정책을 폅니다.

사회 보장은 사회보험과 공적 부조의 두 가지 방향에서 실행됩니다. 사회 보험은 보험의 비용을 누가 부담하느냐에 따라 나누어지는데 보험에 가입한 개인과 고용주 그리고 국가가 재원을 분담하는 형태로 운영됩니다. 4대보험이나 국민의료보험 등이 이에 해당됩니다. 공적 부조는 사회 보험이나 기본적인 보험료를 부담할 능력이 없는 빈곤자에게 국가가 모든 비용을 부담하는 제도입니다. 구체적으로 사회 보험과 공적 부조의 차이를 살펴 보면 아래의 표와 같습니다.

사회 보험과 공적 부조의 비교

구분	사회 보험	공적 부조
목적	산업 재해 · 노령 · 실업 등에 따른 미래 사회의 불안에 대처생활	생활 무능력자의 최저 생활 보장
대상	보험료 부담 능력이 있는 국민	생활 무능력자, 기초생활보호 대상자
비용 부담	각 개인, 국가, 기업	국가가 전액 부담
종류	의료 보험, 국민 연금, 실업 보험, 산재 보험	생활 보호, 의료 보호, 재해 구호
특징	강제 가입이 원칙, 능력별 부담, 비영리 보험으로 상호 부조적 성격이 강함.	소득 재분배 효과가 크지만 국가의 재정 부담이 크고, 근로 의욕을 상실시킬 우려가 있음.

긴급재난지원금과 기본소득, 무엇이 다른가?

2020년 우리 사회에서 지급된 긴급재난 지원금은 코로나19 감염병으로 인한 재난의 상황에서 국가 또는 지방자치단체가 국민의 생계 안정과 소비촉진 등을 위하여 지원한 일시적인 정책이었습니다. 이는 '긴급재난기부금 모집 및 사용에 관한 특별법' 제2조 제1호에 따라 시행되었습니다

이런 형태의 지원금을 최초로 도입한 국가는 1929년 세계대공황 당시의 미국입니다. 2001년 IT 버블 붕괴, 2008년 금융위기 때에도 유사한 형태의 지원이 이루어졌다고 합니다.

이러한 지원정책의 첫 번째 지급의 목적은 '소비 진작'입니다. 시장 중심의 자본주의 사회에서 소비자인 국민들의 소비력이 위축되면 상품의 판매가 이루어지지 않고 뒤따라서 상품의 생산과 공급도 위축되어 경제의 순환 전체가 막히게 됩니다. 그래서 국민들에게 현금을 살포하고 그 돈을 쓰게 만들어 경기를 부양하는 것이 목적이었답니다.

재난 지원금의 두 번째 목적은 국민의 생계유지입니다. 현재 미국의 경우도 실업률이

급격하게 늘어나자 국민의 소득 불안정에 대한 대책으로 재난 지원금을 지급하였고, 일본이나 유럽 등 여러 나라에서도 재난지원금을 지급하였습니다.

이처럼 긴급재난지원금은 기본소득제와 상당히 다른 성격을 지니고 있습니다. 재난 구호의 성격이 짙습니다. 그리고 매월 일정한 현금을 지급하는 것이 아니라 일회적으로 지급되었다는 점에서 기본소득제도라고 할 수 없습니다. 2020년 우리 사회에서는 일회적으로 재난지원금을 지급했습니다. 코로나19와 경제적 상황의 흐름에 따라 2차, 3차 지원금이 지급될 가능성도 있지만 이 역시 사회적 논의를 거쳐 시행될 것입니다.

긴급재난지원금에 대한 견해의 충돌

긴급재난지원금 결정과정에서 일어난 논란

2020년 긴급재난지원금을 둘러싸고 사회적 논의와 논쟁이 활발하게 전개되었습니다. 이러한 논쟁과 숙의 과정은 우리 사회의 제도와 정책의 발전을 위해 매우 유익한 기회라고 할 수 있습니다.

일부 지자체장들과 정치인들이 긴급재난지원금을 '저소득층뿐만 아니라 전 국민에게 지원해야 한다'고 주장할 때 이에 대해서 반대하는 사람들이 적지 않았습니다. 먼저 이는 순수한 재난구호가 아니라 선거와 정치적인 지지를 목적으로 현금을 살포하는 포퓰리즘 정책이라는 노골적인 반대가 등장하였습니다. 이 주장은 코로나19 확산이라는 상황에서 그리 호소력을 지니지 못했습니다. 또한 저소득층이 아니라 소득수준이 높은 사람들에게 현금을 지급한다는 것은 적절하지 않다는 주장도 힘을 얻었습니다. 그리고 지원금 수혜대상의 소득수준을 정하는 기준을 어떻게 정하느냐에 의해 수혜대상에서 배제된 사람들이 가지게 되는 소외감이나 갈등이 발생할 수 있다는 지적이 적지 않았습니다. 그리고 재난지원금은 신속하게 지급을 해야 효과가 있는데, 수혜대상과 제외대상을 정하여 지급할 경우 지급 시기가 늦추어 지게 된다는 비판도 뒤따랐습니다. 특히 지급 기준을 정하는 일에 소요되는 행정 비용도 만만치 않으리라고 비판하였습니다. 따라서 전 국민에게 지급해야 한다는 의견도 적지 않았습니다. 그 핵심적인 주장은 다음의 세 가지입니다.

첫째, 액수가 너무 적다. 둘째, 하위 70%를 가리는 기준이 어렵다. 셋째, 지금 당장 곤

경에 처한 사람에게 곧바로 지급하기 어렵다. 정부와 여당은 여러 숙의 과정을 거쳐 재난지원금의 재원이 충분치 않다는 점과 고소득층에게 재난지원급을 지급하는 것에 반대하는 여론을 반영하여 '소득 하위 70%에 해당되는 가정에 가족수에 따라 차등을 두어 일정 금액을 지급'하기로 결정하였습니다. 그리고 수혜를 받는 자가 이를 기부할 수 있도록 하였습니다.

긴급재난 지원금 사용에 대한 비판의견

재난지원금이 실제로 지급되자 지원금 사용에 대한 논란이 발생했습니다. 한국경제신문은 긴급재난지원금에 대한 논란을 다음의 다섯 가지로 요약하여 정리하였습니다.

1) 사용처 제한 : 영세 소상공인을 위해 백화점과 대형마트에서는 사용하지 못하게 하는 것은 소비자의 선택권을 제한하는 것이라는 비판입니다. 또한 재난지원금은 현금카드 형식으로 지급되었고, 수혜자가 살고 있는 주소지의 지역에서만 구매를 할 수 있게 되어 있었습니다.

2) 기부 피싱 : 홈페이지의 지원금 신청 화면과 신청 방식 등을 정부가 기부를 유도하는 방식으로 설계했다는 것은 자발적 기부라고 볼 수 없다는 것입니다.

3) 관제 기부 : 정부에서는 자발적 기부를 독려했지만, 공직사회와 기업들에서는 어쩔 수 없이 이에 참여하는 반강제적인 기부 분위기가 확산되는 것을 비판하였습니다.

4) 지자체들의 현금 살포 : 경기도에서는 '재난지원금'에 '기본소득'을 붙여 '재난기본소득'이라고 이름을 붙였습니다. 본격적인 기본소득 정책 도입의 교두보로 삼으려는 의도가 담겨 있는 것으로 해석되었습니다. 각 지자체마다 현금 살포 경쟁에 나섰으며, 이번 일을 계기로 현금 살포가 상시화될 가능성이 있다는 우려입니다.

5) 저소득층의 자활 능력 우려 저하 : 일부 저소득층들은 자활 노력을 포기하고, 재난지원금을 술과 담배나 도박에 탕진하기도 한다는 주장입니다.

그렇다면 그 당시 국민들의 의견은 어떠했을까요? 2020년 4월 10~13일 '한국리서치'가 전국 18세 이상 남녀 1,000명을 대상으로 진행한 조사에 따르면, 국가 또는 지방자치단체가 '긴급재난지원금을 지급해야 한다'는 의견이 70%를 넘은 반면, '긴급재난지원금은 포퓰리즘'이라는 의견은 20%에 그쳤습니다. 그리고 코로나19 상황에 따라 앞으로 '몇 번 더 지급할 수 있다'는 의견은 58%나 되었습니다. 또한 지급 대상에 대해서는 '모든 사람에게 지급해야 한다'는 의견이 54%, '대상을 선별해야 한다'는 의견이 43%였습니다. 지급 금액에 대해서는 '모든 대상자에게 같은 금액을 주어야 한다'가 49%, '대상자별로 다른 금액을 주어야 한다'가 48%로 팽팽하였으며, 무엇을 지급할지에 대해서도 '지역화폐 또는 지역상품권으로 지급'이 51%, '현금으로 지급'이 46%로 엇비슷했습니다. 이러한 사회적 논의와 합의의 과정은 우리나라 민주주의의 발전과 정책의 발달에 큰 도움이 될 것입니다.

기본소득, 가능한 정책적 대안일까?

코로나19 긴급재난지원금 과정에서 우리나라에서 처음으로 기본소득 논의가 공론화되었습니다. 긴급재난기금과 달리 '기본소득'은 그 시행을 위해서는 수많은 쟁점과 난관을 안고 있습니다. 그 쟁점들에 대해 생각을 해 봅시다.

기본소득제는 포퓰리즘 정책이다는 비판

기본소득 자체가 포퓰리즘 정책이라고 주장하며 그 진정한 의도조차 부정하는 입장입니다. 즉 무료급식, 무료의료, 무료보육, 반값 등록금 등의 경우처럼 국민들이 좋아하는 정책을 내세워 대중의 인기를 얻기 위해 무책임하게 주장하는 정책이라는 것입니다.

포퓰리즘의 사전적 의미는 "보통사람들의 요구와 바람을 대변하려는 정치 사상, 활동"입니다. 그런데 정치권에서는 포퓰리즘은 매우 부정적인 의미로 사용됩니다. 즉 포퓰리즘 정책이란 다수의 대중들의 요구와 바램을 대변하는 것에만 몰두하여 대중의 인기를 얻기 위한 것일 뿐이라는 것입니다. 주로 정치적인 반대자의 입장에서 상대방의 정책을 포퓰리즘 정책이라고 비판하는 경우가 많습니다. 사실 어느 나라든지 중요한 선거를 앞두고 있거나 다수 국민들의 지지를 얻기 위해서 실제 포퓰리즘적 정책이나 공약을 남발하는 경우도 많습니다. 하지만 코로나19로 촉발된 기본소득제 논의가 과연 포퓰리즘 정책에 불과한 것인지는 앞으로 두고 지켜보아야 할 문제가 아닐까요?

포퓰리즘(populism)

대중의 견해와 요구를 대변하고자 하는 정치 사상 및 활동. 그 어원은 인민이나 대중 또는 민중을 뜻하는 라틴어 '포풀루스(populus)'에서 유래하였으며, 대중주의(大衆主義) 또는 민중주의(民衆主義), 인민주의(人民主義)라고도 한다. 애초에 정치학에서 소수의 엘리트가 다수의 대중을 지배하는 엘리트주의에 상대하는 개념으로 좋은 뜻의 용어였다. 하지만 오늘날 정치권에서는 '인기영합주의'와 같은 부정적인 뉘앙스를 지니고 있으며 주로 상대방을 공격하는 용어로 사용된다. 영어 popular(인기 있는, 대중적인)에서 보여지듯이 포퓰리즘은 대중의 인기를 얻기 위해 선택하거나 실행하는 부적절한 정책이라는 인상을 준다. [참고 : 네이버 지식백과 포퓰리즘]

재원 마련이 어렵다는 현실적 문제

우리나라의 경제 구조상 국가의 재원은 대부분 세금으로 충당되는데, 전 국민에게 기본소득을 지급할 재원이 현실적으로 불가능하다는 것입니다. 중동의 국가들이나 자원이 풍부한 나라의 경우 석유자원 등을 통해 국가의 부가 원천적으로 주어지는데 우리나라는 그런 기반이 없다는 것입니다. 따라서 기본소득을 지급하기 위해서는 결국 국민들의 세금을 크게 인상하여야 하는데 이는 현실적으로 어렵습니다. 또 다른 방법은 우리나라가 다른 나라나 국제은행으로부터 빚을 얻어야 하는데, 빚을 내어 국민들에게 기본소득을 준다는 것은 현실성도 설득력도 없다는 것입니다. 즉 기본소득을 위해서는 국민들의 세금부담이 커지고 국가의 채무가 증대하게 된다는 것이지요. 이는 아주 현실적인 문제가 아닐 수 없습니다. 아무리 기본소득이 좋은 것이라고 할지라도 재원이 없으면 불가능하기 때문입니다.

그래서 기본소득제를 반대하는 사람들은 "세금의 부담 없이 사회서비스를 확대하기 위해서는 빚을 내는 수밖에 없다. 결국 우리가 공짜 복지를 좀 더 누리기 위해 자식 세대에게 그 부담을 넘기는 것이 된다"고 주장합니다. 그리고 여러 전문가들 역시 우리나라의 상황에서 기본소득제는 아직 시기상조이고, 저소득층을 대상으로 한 복지정책을 적극적으로 시행하는 것이 현실적이라고 주장합니다.

기본소득제는 코로나19의 상황에서 대안이 될 수 없다는 주장

사실 기본소득제 논의는 코로나19 감염병으로 인해 경제 위축과 대량 실업 등이 예상되기 때문에 논의되는 성격이 짙습니다. 따라서 기본소득제는 현실적으로 불가능하므로, 오히려 전국민실업보험 제도를 시행하여 예상되는 실업 사태에 대한 대안을 준비해야 한다는 제안들도 제기되고 있습니다.

2020년 7월 23일 기획재정부 장관은 기본소득 논의와 관련하여 반대의견을 밝히며 다음과 같이 말했습니다. "모든 국민에게 기본소득을 월 30만원씩을 지급하면 필요한 예산이 연간 200조원 가량인데 현 상황에서 그런 재원을 마련하려면 연간 180조원인 복지 예산을 교통정리해야 한다." 즉 복지예산을 줄여서 전국민에게 기본소득을 지급한다면, 실질적인 복지 수혜 대상에게 지급되어야 할 혜택들이 크게 축소될 수 밖에 없다는 것입니다. 그리고 "기본소득은 장기적으로 검토할 과제"라고 말했습니다. 기본소득이라는 이상적인 제도나 현금 지급을 반대할 사람들은 별로 없을 것입니다. 하지만 실질적인 재원이 없다면 지금 당장 시행할 수 없을 것입니다. 그리고 복지예산을 줄여서 기본소득을 시행한다면 그 피해는 고스란히 저소득층이나 어려운 사람들에게 돌아갈 것입니다.

그러나 기본소득제 논의가 시작되었다는 점은 매우 의미가 큽니다. 이러한 논의와 쟁론은 필요합니다. 언젠가 여러 조건들이 성숙할 때 논의가 본격화되고 사회적 합의과정을 거쳐 시행될 가능성도 배제할 수 없습니다. 기본소득은 당장 시행할 수는 없는 것은 분명해 보입니다. 그러나 미래의 꿈으로, 우리 사회의 미래를 위한 하나의 대안으로 남겨두어도 되지 않을까요?

깊이 생각하기 : 생각할 질문과 토론 주제

코로나19의 피해를 보상하는 일시적 긴급재난소득의 필요성은 어느 정도 사회적 동의가 되어가는데, 계속적인 지급을 약속해야 하는 기본소득에 대해서는 아직 신중한 논의가 필요한 시점이라는 의견이 많습니다. 이 책을 읽는 여러분의 생각은 어떤가요?

 질문

Q1. 우리나라에 긴급재난지원금이 지급되게 된 사회적 배경은 어떤 것이 있을까요?

Q2. 긴급재난지원금과 기본소득의 유사점과 차이점을 정리해 보세요.

Q3. 기본소득제를 실시한다면 어떤 장점과 어떤 단점을 예상할 수 있을까요?

Q4. 일부 사람들이 기본소득제를 포퓰리즘으로 생각하는 이유는 무엇인가요?

기본소득제 찬성 입장	기본소득은 생존권의 문제이다 선진국들은 기본소득제를 실시한다 한국처럼 양극화된 사회에서는 기본소득이 매우 효과적이다 선별적 복지는 수혜대상에 대한 분명한 기준을 정하는 것이 어렵다. 그리고 그 경계선에 있는 는 사람들과 수혜에서 배제된 사람들의 불만으로 사회적 갈등이 커질 수 있다 선별적 지급을 위한 행정적인 비용이 많이 든다
기본소득제 반대 입장	기본소득의 재원이 부족하다 결국은 세금을 인상해야 한다 기보소득으로 부자들에게 수혜될 몫을 오히려 사회적 소외계층에게 전달해야 한다 복지적인 대안을 마련하는 것이 보다 현실적이다 대안으로 전국민고용보험이 코로나 시대에 보다 적합하다

더 깊은 학습을 위한 자료들

[책]

21세기 기본소득. 필리프 판 파레이스외. 홍기빈 역. 흐름출판. 2018.

기본소득 쫌 아는 10대. 오준호 글.신병근 그림. 풀빛. 2019.

분배정의와 기본소득. 권정임회. 진인진. 2020.

무조건 기본소득. 다비드 카사사스 저. 구유 저. 리얼부커스. 2020.

기본소득 논란의 두얼굴. 복거일 외. 한국경제신문사. 2017.

기본 소득이 세상을 바꾼다. 오준호 저. 개마고원. 2017.

[언론기사]

사회 보장 제도 [社會保障制度] (Basic 고교생을 위한 사회 용어사전, 2006. 10. 30. 이상수)

복지 포퓰리즘 정책: 무엇이 문제인가? 현진권. 경총 경영계 11월호.

코로나 위기와 기본소득. 이일영. 창비주간논평. 2020. 3.

코로나가 촉발한 재난소득 릴레이, 기본소득 논쟁 불붙이나. 동아일보. 2020. 3. 25.

코로나가 불밭인 재난기본소득의 향방. 한겨레신문. 2020. 5. 4.

'기본소득', 코로나19가 불러낸 논쟁의 의제. 굿모닝충청. 2020. 3. 23.

기본소득의 역사, 야닉 판더보르트, 필립 판 파레스. 최광은 옮김. 2005.

기본소득한국네트워크 홈페이지.

[논문]

세상을 바꾸는 즐거운 상상,기본소득:-오준호, 기본소득이 세상을 바꾼다. 김영희. 부산대학교 한국민
        족문화연구소, 2017. 한국민족문화. Vol.64.

기본소득, 복지국가의 대안이 될수 있을까? 윤홍식. 비판과 대안을 위한 사회복지학회. 2017. 비판사회
        정책. Vol. No.54.

기본소득은 미래 사회보장의 대안인가? 양재진. 한국사회정책학회. 2018. 한국사회정책. Vol.25. No.1.

기본소득제도의 논의배경과 한계에 관한 연구. 장인호 . 미국헌법학회. 2017. Vol.28 No.3.

[영화]

레미제라블 (Les Miserables). 톰 후퍼 감독. 휴잭맨. 앤해서웨이. 러셀크로우, 아만다 사이프리드. 2012.

기생충 (PARASITE.2019). 봉준호 감독. 송강호. 이선균. 조여정. 2019.

주제 6
디지털 성착취

n번방 사건,
입에 담기도 생각만 해도 마음이 불편해지는 사건이다.
디지털 성착취 현상은 한국에서만 일어나는 일이 아니다.
인터넷이 발달하고 디지털 사회가 되면서 생겨난 신종 범죄이다.
이 주제를 깊이 들여다보아야 하는 이유가 있다.
그 피해자들이 주로 아동 청소년들이기 때문이다.
우리 사회는 그간 성범죄 처벌에 관대하고
아동청소년 보호와 여성보호에 소극적이었다.
디지털 성착취방 운영자나 가입자를 비난하는 것보다
더 중요한 일은 피해자들이 없도록 방법을 찾는 일이다.
디지털 성착취가 없는 세상을 꿈꾸며
비판하고 성찰하고, 대안을 찾아보자

관련주제 및 키워드

디지털 성착취. n번방 사건, 성착취, 아동청소년 보호, 성범죄

글쓴이 · 황 산

인문학 연구자(Ph.D.) / 코넥교육연구소 소장
한진연 교육이사 / '철학자들과 함께 떠나는 글쓰기의 모험' 저자

N번방 사건,
디지털 성착취가 없는 세상을 꿈꾸다

n번방 사건, 한국사회를 뒤흔들다

2020년 3월 불법적으로 성착취 영상물을 공유하고 판매하는 n번방이라는 텔레그램 커뮤니티의 실체가 언론에 공개되었습니다. 다음은 사건에 대한 언론보도 내용입니다.

"서울경찰청은 지난 19일 텔레그램 비밀대화방에서 디지털 성착취물을 제작·유포한 일명 '박사방' 운영자를 검거·구속했다. 박사방은 1단계 입장료 20만~25만원, 2단계 70만원, 3단계 150만원 등 수위에 따라 가격을 다르게 책정하는 유료 회원제로 운영됐다. 입장료 대부분은 비트코인 등 가상화폐로 받은 것으로 파악됐다. 박사방을 비롯, 여성들을 협박해 성착취 동영상을 찍은 후 유포한 n번방 가입자는 26만명에 달할 것으로 추정된다. 디지털 성착취물 제작·유포 관련한 이번 사건의 피해자는 총 74명이며, 이 중 16명이 미성년자에 해당하는 것으로 파악되고 있다."
[이상미 기자, "디지털 성착취 개념 필요… 게시물 유포 차단 강제절차 도입해야". 국회뉴스ON, 2020.3.31]

이 사건은 한국사회에 큰 충격을 주었습니다. 단지 성(性)영상물이 아니라 불법적인 성착취물들을 은밀히 거래하고 있었기 때문입니다. n번방의 실체가 점차 드러나고 범죄에 가담한 운영자들이 체포되면서 국민들은 경악하고 분노하였습니다. 이 사건이 온 국민들의 분노를 일으키는 사회적 이슈가 된 것은 다음과 같은 이유입니다.

- 잔인한 성착취물을 다루고 있다는 점
- 피해자들이 대부분 10대 여성 청소년들이라는 점
- 피해자들의 개인정보와 가족 정보를 불법적으로 취득하여 협박을 통해 성착취 대상으로 삼았다는 점
- 성착취방 입장료가 20~150만원으로 성착취물이 고액으로 판매되었다는 점

- n번방과 유사한 방들이 상당수 존재하고 있다는 점
- 성착취방들의 총 가입자 수가 26만명이 될 정도로 구매자 혹은 가입자가 많다는 점
- 성착취방 운영자들이 대부분 10대 20대 남성이라는 점

디지털 성착취는 어떤 방식으로 이루어졌을까?

n번방 성착취는 텔레그램(Telegram)이라는 메신저 프로그램에서 이루어졌습니다. 텔레그램은 러시아 출신의 두로프 형제가 2013년에 출시하였는데, 모든 정보의 자유로운 공유와 안전한 소통을 추구하였습니다. 텔레그램에서는 모든 메시지는 암호화되어 해독할 수 없으며, 경찰에서도 그 서버를 확보할 수 없고, 은밀한 비밀방을 운영할 수 있습니다. 이러한 보안 정책을 이용하여 텔레그램에서 n번방과 같은 수많은 성착취방이 운영되었습니다. 즉 자유롭고 안전한 메신저가 성착취물이 유통되는 플랫폼으로 이용되었던 것입니다.

소위 'n번방' 사건의 심각성은 그들이 '협박'을 통해 피해자들을 성착취 대상으로 지배했다는 것입니다. 텔레그램 최초의 n번방 운영자 갓갓은 '살색계, 일탈계' 등의 SNS 계정을 운영하는 여성들에게 해킹 링크를 보내거나 경찰을 사칭해 개인정보를 탈취한 뒤, 이를 유포하겠다며 협박해 촬영물을 제작하게 했습니다. '박사방'의 조주빈 역시 협박으로 촬영물을 얻어내었습니다. 연결된 여성의 SNS 계정을 털어 가족이나 친구 등의 정보를 수집하고 '면접'을 구실로 얼굴 사진부터 시작해 점점 수위 높은 촬영물을 요구하였습니다. 만일 여성이 이를 거부하면 노골적이고 끔찍한 협박을 가하여 순순히 응하게 하였습니다. 이들의 피해자는 대부분 십대 청소년들이었으며 여성들이었습니다. 심지어 가족들의 신상을 불법적으로 취득하여 가족에게 알리겠다고 두려움을 심어주었습니다.

n번방의 흥행 이후 텔레그램에는 수많은 방들이 파생되기 시작했다고 합니다. 그만큼 수요자들이 많다는 것이고, 그들은 성착취물로 큰 돈을 벌 수 있다는 것을 알았기 때문입니다. 그 결과 합성 사진, 지인 능욕, 화장실 불법촬영 모음 등을 다루는 여러 방들이 만들어져 커뮤니티를 이루었습니다. 한창 때는 각 방마다 적게는 수백 명, 많게는 수만 명이 모여 성폭력물을 상호 유포하고, 품평하고, 모의했습니다. 텔레그램 성착취방 운영자들의

행위는 단지 일부 남성들의 개인적인 일탈이 아니라 범죄 수익을 추구한 조직범죄였습니다. 그 방에 가입을 한 수많은 사람들은 성착취물들이 불법영상물임을 알고도 돈을 내고 가입한 것이므로 함께 범죄에 가담한 것입니다.

> **성착취** : 성행위나 이에 준하는 행위를 강제로 하게 하는 행위, 또는 이를 통해 경제적 이익을 취하는 약탈 행위를 뜻한다. '착취'란 경제 용어로서 '특정 사회에서 생산수단을 소유한 사람이 직접 생산자로부터 그 노동의 성과를 무상으로 취득하는 일'을 뜻함. 이와 달리 성착취는 여성이나 약자를 강제적인 방식으로 성을 착취하는 행위를 말한다.

> **디지털 성착취** : 온라인 성착취라고도 함. 다크 웹(dark web) 등 디지털 공간에서 행해지는 불법 영상물을 이용한 착취 행위를 가리키는 신조어이다.

> **n번방 사건** : 2019년 2월부터 수많은 십대 여성들을 궁지에 몰아넣어 협박으로 성착취 영상물을 찍게 하고, 이를 텔레그램을 통해 거래한 디지털 성범죄 사건. 1번방부터 8번방까지 8개의 채팅방에서 판매한 닉네임 '갓갓' 문형욱'의 'n번방'과 입장료 금액에 따라 채팅방 등급을 나눈 닉네임 '박사' 조주빈의 '박사방' 등이 있었다. 그래서 'n번방 사건'이 아니라 포괄적으로 '텔레그램 성착취 방 사건'이라고 불러야 한다는 주장도 있다.

성착취 처벌 강화와 법적 제도적 개선 요구의 폭발

텔레그램 'n번방' 사건을 계기로 국민 여론이 들끓었습니다. 아울러 텔레그램 성착취방 운영자들만이 아니라 가입자들에 대한 엄격한 처벌을 요구하는 청와대 청원이 거세게 일어났습니다. 그리고 특히 피해자들의 대부분이 아동·청소년이었으므로 여성들과 자녀를 둔 학부모들의 요구는 매우 적극적이었습니다. 이러한 압도적 비판 여론에 따라 국회에서는 〈아동·청소년성보호에관한법률〉을 개정하고자 하는 움직임이 일어났습니다.

디지털 성범죄를 없애기 위해서 왜 법과 제도를 바꾸어야 할까요? 그것은 성착취 범죄는 저절로 없어지지 않기 때문입니다. 단지 사회 구성원 개개인의 양심과 도덕성에만 호소할 수 없는 일입니다. 전문가들은 n번방과 같은 디지털 성범죄 사건의 핵심 원인으로 '아동

청소년성보호에관한법률'에 아동이용음란물의 제작, 배포, 소지에 대해 처벌하는 규정이 있음에도 이를 심각한 범죄로 인식하지 않는 경향 때문이라고 지적합니다. 즉 아동포르노그래피와 불법촬영물을 포르노그래피의 하나로만 취급하고 '심각한 성범죄'임을 인지하지 못하는 문화가 우리 사회에 만연하기 때문이라는 것입니다. 하지만 포르노그래피에 대해서 관대할 뿐 아니라 여성과 아동을 성적으로 이용하고 거래하는 것에 대한 경계심이 약한 사회에서는 이와 유사한 일들이 계속 발생할 수밖에 없게 됩니다. 범죄성에 대한 가벼운 인식과 솜방망이 처벌이 반복되면, 그 결과 청소년과 아동들의 피해는 늘어날 수밖에 없게 됩니다. 불법영상물의 수요가 증가할수록 유인되기 쉬운 아동과 청소년들이 피해대상이 되기 때문입니다.

그동안 우리 사회에서 디지털 성범죄 및 아동·청소년 성범죄에 대한 처벌이 매우 소극적이었고 관대했다고 평가합니다. 서구 사회의 엄격한 처벌에 비해 매우 미약한 처벌을 하는 관행이 사법부(재판부)에 만연하였고, 법적 처벌 규정조차 미약했습니다. 첫째, 형량이 너무 낮은 현행 법과 제도의 문제, 둘째, 법에 적시된 형량조차도 지켜지지 않는 법과 현실과의 괴리('아동청소년성보호에관한법률' 제11조에 의하면 영리를 목적으로 아동 · 청소년이용음란물을 판매 · 대여 · 배포 · 제공하거나 이를 목적으로 소지 · 운반하거나 공연히 전시 또는 상영하는 자는 10년 이하의 징역에 처한다고 명시하고 있으나 대부분 벌금형 또는 집행유예에 그침), 셋째, 운영자 남성-개설-제작-업로드-소비-수익 일체형의 구조와 구매자인 남성들의 끈끈한 연대와 공모 등이 결합되어 디지털 성범죄가 양산되었던 것입니다. [출처: 텔레그램 성착취방 운영과 유형 분석. 신성연이, 텔레그램 성착취공대위 기자회견 발제문과 토론 자료집, 2020.4.3. 인용]

디지털 성착취가 없는 사회, 어떻게 가능할까

디지털 성착취는 단지 야동이나 포로노그라피의 문제가 아닙니다. 여성과 아동청소년에 대한 잔혹한 성범죄입니다. 디지털 성착취물로 인한 피해는 한 사람의 인생을 망칠 정도로 심각하고 반영구적인데 그간 우리 사회는 그 심각성을 알지 못했고 방치하여 왔다는 자성이 커졌습니다. 'n번방' 사건을 계기로 온라인 성착취를 근절하고 아동청소년을 온갖 성범죄로부터 보호하기 위한 구체적인 대책들이 마련되어야 할 것입니다.

먼저, 디지털 성범죄 개념을 도입하여야 합니다.

그간 디지털 성착취의 제작과 유포는 웹하드, 다크웹, 디스코드 등 새로운 정보통신기술을 활용하여 보다 은밀하고 수법도 주도면밀하게 진화하여 왔습니다. 그렇지만 이에 대응하는 우리 사회의 대응은 더디게 진행되었습니다. 전문가들은 디지털 성착취 개념을 법률에 도입할 필요가 있다고 주장합니다. 2020년 상반기까지 적용되었던 현행 법률상 '카메라 촬영물'과 '아동 · 청소년이용 음란물' 등의 용어는 디지털 성범죄를 경미한 범죄로 인식하게 합니다. 그 결과 범죄자들도 심각한 죄로 인식하지 못하고, 수사기관이나 사법부에서도 소극적인 경범죄인 듯이 수사하고 처벌하게 되었습니다. [참고 및 인용 출처 : 이상미 기자, "디지털 성착취 개념 필요… 게시물 유포 차단 강제절차 도입해야". 국회뉴스ON, 2020.3.31]

디지털 '성착취'는 포르노그래피 등 '이미지에 기반한 학대'의 개념에 기반하고 있습니다. 이 개념은 지난 2008년 국제사회에서 본격적으로 제기되었는데, 성적인 이미지를 동의 없이 촬영하고 배포하는 행위를 '학대'의 한 유형으로 정의합니다. 특히 피해자 및 피해자와 관련된 사람을 위협/협박하고 조종하기 위해 사용됐다면 이는 심각한 성적 착취에 해당한다는 것입니다.

둘째, 법적 규제와 처벌을 강화할 필요가 있습니다.

앞서 언급한 것처럼 텔레그램에 성착취방이 많아진 이유는 우리 사회에서 이러한 범죄에 대한 처벌이 매우 미약하기 때문이라는 지적이 많았습니다. 즉 범죄자들에 대한 처벌을 강화하고, 법적 처벌 규정을 강화하여 사회 전체가 문제의 심각성을 인식하게 하는 일이 필수적입니다. 따라서 법적 제도적 장치들을 마련하는 일은 범죄를 예방하고 피해자가 발생하지 않게 하는 가장 중요한 출발점입니다. 특히 성착취방 가입자나 성착취물 소지자에 대해서도 처벌해야 하는 일이 매우 중요합니다. 일반 시민들이 호기심이나 충동에 의해서 성착취물을 구매하고 소지하는 것이 범죄가 된다는 것을 인식할 때 성착취방의 확산이 근절되기 때문입니다.

2020년 5월 관련 법률이 개정되어 시행되기 이전까지만 해도 '디지털 성착취물을 다운로드 받거나(접근) 시청하는 사람'에 대해 처벌할 수 있는 법적 규제가 없었습니다. 이는 해외의 주요 국가들이 디지털 성착취물 피해의 심각성, 지속성, 확장성을 고려해서 매우 엄격한 처벌을 하고 있는 것과 크게 비교됩니다. 해외에서는 접근(다운로드), 시청, 관음에 대해서도 처벌 규정을 두고 있습니다. 미국은 「비디오관음방지법」을 통해 사적 영역의 화상정보를 취득하는 행위를 금지하고 있습니다. 영국은 「성범죄법」, 「형사사법재판법」에서 성범죄법상 동의 없이 사적 행위에 대한 관음, 장비설치, 이미지 구성, 기구 설치 등을 하지 못하도록 규정하고 있습니다.

법률전문가들은 법률을 통해 처벌규정도 강화해야 하지만, 디지털 성착취물을 영리목적으로 유통하고 수익을 얻는 경우 함정수사 등의 기법을 도입해 검거할 수 있도록 해야 한다고도 주장했습니다. 아울러 유통업자나 제작자 등의 죄질이 심각한 경우 적극적으로 신상을 공개하고 수익금의 몰수와 추징을 통해 사회적 경각심을 높여야 한다고 의견도 제시했습니다. 성착취 영상물을 비뚤어진 성적 본능이자 개인의 문제라고 하지만 성착취 영상물이 대량으로 제작, 유통된 것은 이를 통해 얻게 되는 막대한 불법 수익 때문이라고 파악한 것입니다.

셋째, 성착취방 원천 차단과 게시물 삭제 제도가 강화되어야 합니다.

가해자나 구매자에 대한 처벌뿐만 아니라 게시물 삭제도 중요한 과제입니다. 게시물이 삭제되지 않는다면 피해자들은 평생 불안과 고통에 시달리게 되고, 성착취물이 무제한 유포될 수도 있기 때문입니다. 따라서 가해자와 성착취방에 제재하는 것을 넘어 소셜미디어 서비스 제공업체, 웹사이트 등에 대해서도 법적 강제조치와 제한을 하여야 합니다.

우리나라의 경우 한국여성인권진흥원의 '디지털성범죄피해지원센터'에서 법률·의료서비스, 상담서비스 같은 피해자 지원과 삭제 지원을 하고 있다고 합니다. 여성과 아동·청소년음란물을 탐지해 수사를 요청하고, 불법사이트와 촬영물에 대한 접속 차단과 삭제 지원 서비스를 제공하고 있는 것입니다.

호주의 경우 여성과 아동·청소년 인터넷 성착취에 대한 피해 대책기관으로 '인터넷 안전국'을 호주 통신미디어청 산하의 독립된 법정기관으로 두고, 온라인 안전에 관해 국가 차원의 피해차단과 보호 역할을 담당하도록 하고 있습니다. 심지어 2015년 「온라인안전강화법」이 만들어져서 사이버 괴롭힘, 이미지기반 학대 신고가 접수되면 48시간 안에 가해자, 소셜미디어 업체 등에게 삭제 의무를 부과하는 '신속 삭제 제도'를 시행하고 있다고 합니다. [참고 및 인용 출처 : 이상미 기자, "디지털 성착취 개념 필요… 게시물 유포 차단 강제절차 도입해야". 국회뉴스ON, 2020.3.31]

넷째, 피해자 보호와 지원 시스템을 마련해야 합니다.

아울러 피해자들을 보호하고 회복하도록 돕는 사회적 노력이 절실합니다. 피해자들은 악몽같은 범죄 피해를 당했을 뿐 아니라 심리적으로 이중의 딜레마에 빠지기도 합니다. 비록 협박에 의한 것이었지만 자신들도 범죄자로 생각하는 경향, 자기 몸을 자신이 직접 촬영하였다는 죄의식, 신분 노출, 보복에 대한 두려움, 영상 유포에 대한 공포 등으로 불안에 떨게 됩니다. 특히 신분 보호가 매우 중요합니다. 2020년 정부는 텔레그램 성착취방의 수백명의 피해자들의 주민등록을 변경할 수 있도록 지원하였습니다. 즉 이름이나 신분을 바꾸어 자신의 신분이 드러나지 않도록 조치한 것입니다. 그리고 적절한 상담과 회복을 위한 노력을 지원해야 할 것입니다.

다섯째, 남성들의 그릇된 성의식과 왜곡된 성문화를 극복해야 합니다.

디지털 성착취방의 가입자와 구매자들은 모두 남성이었다고 합니다. 엄격하게 말하면 성착취물 제작자와 소비자는 모두 남성이었고, 피해자들은 대부분 여성이었으며 그것도 나이 어린 청소년이었습니다. 이러한 현상은 디지털 성착취문제가 단지 일부 남성들의 성적 일탈의 문제가 아님을 보여주고 있습니다. 사실 성범죄나 성착취물에 대해 관대한 처벌을 해 온 우리 사회의 분위기의 이면에는 남성 중심의 질서와 성관념이 자리잡고 있다고 할 수 있습니다. 우리 사회에 오랫동안 굳어져온 남성 중심적이고 여성을 성적 대상으로 이해하는 문화가 자리잡고 있는 것입니다. 그리고 SNS에 유포되고 있는 성영상물들이 청소년들의 성의식을 크게 왜곡시키고 있습니다. 왜곡된 성 관념과 태도를 스스로 극복하는 일은 쉽지 않습니다. 이 일을 위해서는 사회적 노력이 필요합니다. 학교와 가정, 법과 제도, 정부와 여성단체, 여성과 남성 모두가 함께 노력하여야 합니다. 특히 여성들의 목소리와 의견이 반영되어야 할 것입니다.

우리 사회는 지금 남성 지배적인 질서와 문화에서 남녀 공존의 문화로 서서히 이동하고 있습니다. 남성과 여성의 관계가 수평적으로, 비폭력적으로, 인격적인 관계로 성숙하는 문화가 이루어지도록 모두 함께 노력해야 할 것입니다.

성착취 금지 및 아동·청소년 보호에 대한 법률 개정

아동·청소년의 성보호에 관한 법률(아청법) 개정안이 2020년 5월 20일 국회 본회의를 통과했습니다. 개정 법률은 아동·청소년 성착취물 범죄의 법정 처벌 형량을 강화하고 성착취물의 소개·광고·구입·시청 행위에 대한 처벌 근거를 새로 마련하는 내용을 담고 있습니다.

이에 따라 아동·청소년 성착취물을 구입, 소지, 시청하면 1년 이상의 징역을 받게 되었습니다. 그리고 돈을 벌 목적으로 성 착취물을 판매하거나 광고·소개하면 5년 이상의 징역형에 처할 수 있습니다. 영리 목적이 아니어도 배포, 광고, 소개하는 행위만으로 3년 이상의 징역형을 받게 되었습니다. 즉 아동·청소년 성 관련 착취물을 소개하거나 보기만 해도 처벌을 받게 됩니다.

과거의 아청법은 성착취물의 제작 또는 영리 목적의 판매행위 등에 대해서만 처벌할 수 있게 되어 있었고, 형량도 10년 이하, 7년 이하 등으로 상한선을 두고 경미한 벌금형만 받을 수도 있게 되어 있었습니다. 하지만 새 법률에서는 상한선 대신 5년 이상 등으로 하한선이 설정되었습니다. 즉 최소한의 처벌이 징역 5년형이라는 것입니다. 솜방망이 처벌인 벌금형은 폐지되어 처벌이 훨씬 강화된 것입니다.

그리고 과거에 '음란물'로 규정돼 있던 법적 용어를 '성착취물'로 개정해 해당 범죄가 사회적 풍속의 문제가 아닌 '성착취 범죄'임을 명확히 했습니다. 개정 아청법에서는 제5조는 다음과 같은 규정이 포함되어 있습니다.

> 5. "아동·청소년성착취물"이란 아동·청소년 또는 아동·청소년으로 명백하게 인식될 수 있는 사람이나 표현물이 등장하여 제4호의 어느 하나에 해당하는 행위를 하거나 그 밖의 성적 행위를 하는 내용을 표현하는 것으로서 필름·비디오물·게임물 또는 컴퓨터나 그 밖의 통신매체를 통한 화상·영상 등의 형태로 된 것을 말한다.

이러한 법개정은 성착취 범죄에 대한 국민적 분노와 법 감정에 맞게 처벌을 강화했다는 점에서 의의가 있으며, 보다 치밀하게 범죄 예방 효과를 의도한 것입니다.

[기사 출처 : 아동 성착취물 소개하거나 보기만 해도 처벌…형량도 강화, 연합뉴스, 2020.5.20]

깊이 생각하기 : 생각할 질문과 토론 주제

 질문

Q1. '표현의 자유'를 주장하며 아동성착취 영상물 등 불법적인 포르노그래피를 정당화하는 주장은 정당화될 수 있을까요? 만일 그런 주장을 하는 사람이 있다면 여러분은 어떻게 반박하겠습니까?

Q2. '성착취'와 관련하여 '아동청소년 성매매'가 오랫동안 회자되었습니다. 크게 두 가지 입장이 있습니다. 그 중 하나는 미성년자 성매매는 이미 그 자체가 약자인 청소년에 대한 성착취라고 주장합니다. 다른 하나는 어떤 이유이든지 미성년자 본인이 자발적으로 참여하였으므로 강제적인 성착취는 아니라고 주장하기도합니다. 여러분은 어떻게 생각하나요?
[꼭 읽어야할 뉴스자료 : 성매매와 성착취의 차이, 그 경계는 무엇인가 : 성매매 아동·청소년은 '성착취 피해자'. 아주경제, 장승주 기자, 2020.5.3]

Q3. 여러분의 친구나 가족 중에 한 사람이 디지털 성착취물을 소지하고 있다는 것을 알게 되었다고 가정해 봅시다. 그 때 여러분은 어떤 반응을 하고 행동해야 할까요? 난처한 질문이지만 자신의 심리적 반응, 행동, 문제 해결 방법을 생각하고 정리해 보세요.

Q4. 마약 범죄를 수사하고 검거하기 위해서 대부분의 나라에서 함정수사 기법을 허용합니다. '디지털 성착취물을 영리목적으로 유통하고 수익을 얻는 경우 함정수사 등의 기법을 도입해 검거할 수 있도록 해야 한다'는 주장에 대해서 여러분은 어떻게 생각하나요? 이를 허용할 경우 얻게 되는 효과도 있고 부작용도 있을 수 있습니다. 그 장점과 단점에 대해 생각해 보세요.

디지털 성착취물 함정수사 찬성 (장점)	디지털 성착취물 함정수사 반대 입장 (단점)
– 성착취물은 흉악한 범죄이므로 필요하다 – 수사관이 가입자로 위장하여 침투하여 범죄 실태와 정보 파악이 용이하다 – 운영자 및 가입자 정보 취득에 용이하다 – 경우에 따라서는 현장 체포가 가능하다 – 함정수사에 대한 두려움으로 성착취방이 많이 줄어들 것이다 – 가입자가 많이 줄어들 것으로 예상된다 – 보다 확실한 범죄 증거를 확보할 수 있다	– 개인 정보 노출 및 악이용의 위험이 있다 – 디지털 성범죄가 보다 지능화되고 은밀하게 지하로 숨게 되어 추적이 더 어려워진다 – 위장 성착취방을 개설하는 것은 비윤리적이다 – 함정수사는 오히려 수사를 어렵게 만든다 – 시민들과 기자들의 자발적 감시가 적절하다 – 처벌 규정 강화만으로 상당한 효과를 거둘 수 있다 – 함정 수사는 매우 극단적인 범죄에 한해 용인되어야 한다

더 깊은 학습을 위한 자료들

[책과 논문]

아동 · 청소년 대상 랜덤채팅 : 조건만남, 온라인그루밍, 아동성착취, 아동성적학대, 디지털성범죄 대상
이 되는. 송봉규 저, 박영사. 2020. 5. 5.

늘 그랬듯이 길을 찾아낼 것이다 − 폭력의 시대를 넘는 페미니즘의 응답. 권김현영 저, 휴머니스트.
2020. 6. 8.

"닮아있는 '일본, 한국'의 디지털 성범죄: 착취되는 여성". 박수연. 〈여성이론〉 통권 제36호 (2017.여름).
여성문화이론연구소. 2017. 5. 13.

"텔레그램 성착취방 운영과 유형 분석". 성매매문제해결을 위한 전국연대. 2020. 4. 3.

[언론기사]

디지털 성범죄는 '협업적 성착취'. 천관율 기자, 시사인. 2020. 4. 6

"디지털 성착취 개념 필요… 게시물 유포 차단 강제절차 도입해야". 이상미 기자, 국회뉴스ON, 2020. 3.
31).

아동 성착취물 소개하거나 보기만 해도 처벌…형량도 강화, 연합뉴스, 2020. 5. 20.

성매매와 성착취의 차이, 그 경계는 무엇인가 : 성매매 아동 · 청소년은 '성착취 피해자'. 아주경제, 장승
주 기자, 2020. 5. 3).

성매매 아동 · 청소년은 '성착취 피해자'. 장승주 기자, 아주경제. 2020. 5. 3.

"아동 · 청소년 성 착취물, 성폭행보다 엄히 처벌"…양형 기준 강화. YTN 뉴스. 2020. 4. 21.

'아동청소년성착취물' 개정 아청법. 아동청소년보호법 [시행일 : 2020. 11. 20.] 제2조.

"성범죄 강력 처벌받을 때까지 시위" '익명의 여성들'이 모인 이유 [인터뷰] 아시아경제. 2020. 7. 24.

[영화 및 영상]

디지털 성착취 범죄'…대한민국의 현주소. 진행 : 김정아 앵커, YTN. 2020. 3. 26. 네이버 뉴스.

표창원 의원이 짚어주는 'n번방 사건' 핵심 쟁점. 2020. 5. 17. 네이버TV.

그 일이 세상에서 가장 위험한 일이 되지 않게 해주세요. 2020.04.03. 네이버TV. [성평등영화].

10대 소녀들의 인신매매 충격 실화!, 2020. 4. 19. Youtube.

성 착취 피해자께 당신의 잘못이 아닙니다 [시사기획 창]. 시사기획 창. 2020.06.18. 네이버TV.

앞서 제시한 〈깊이 생각하기〉의 여러 질문과 토론 주제 중 1개를 정하여
'제목'을 만들고, 자신의 생각을 짧은 글로 써보십시오.

_____

주제 7
청소년 정치참여

그동안 우리나라에서는 청소년들이 전혀 투표권이 없었어.
서구사회나 외국의 여러 나라에서 대부분 18세이면 투표권을 부여하는데
우리 사회에서는 오랫동안 그것을 허용하지 않았어.
그 이유가 무엇일까?
2020년 4월에 처음으로 청소년이 투표권을 행사했다는 건 잘 알 거야.
그런데 청소년 투표권을 둘러싸고 큰 논란이 있었고,
반대 논리도 거세었지.
반대한다고 마냥 미워할 것이 아니라 반대하는 이유에도 귀를 기울여야 해.
참정권이 왜 중요한지 알고 있니?
선거 연령이 낮아지는 것은 어떤 사회적 효과를 일으키는지 알고 있니?
몇 년도 채 안되어 나도 투표권을 행사하게 된다는 걸 알거야.
청소년의 정치참여는 바로 우리들의 문제야

관련주제 및 키워드

청소년 참정권, 청소년 정치참여, 시민으로서의 청소년, 청소년의 권리,
청소년 연령 기준, 수업시간에서의 교사의 정치적 발언

글쓴이 · 고성관

연세대학교 교육대학원 수료 / 대한민국 영어교육개혁 협회 위원 / 동아일보, 연합일보 칼럼 게시
유웨이 고입 대입 입시컨설턴트 / (사)한국 미래교육 평가 연구회 경남 본부장
현, 고입. 대입 컨설턴트 전문가(자격증 13개 취득) / 현, 한진연 입시전략연구소 창원 센터장
현, T.O.P 교육 대표원장

청소년 참정권, 민주주의의 미래를 밝히다

그간 우리 사회에서 오랫동안 논의되어 왔던 선거연령 인하가 사회적 이슈로 부각된 이후 2019년 12월 27일 공직 선거법 개정안이 국회를 통과하였습니다. 그리고 지난 2020년 4월 제 21대 국회의원 선거에서 만 18세 청소년들도 선거권을 행사하게 되었습니다. 이는 우리나라 역사에서 최초로 청소년이 선거권을 획득하였다는 점에서 큰 의미가 있습니다. 나아가 청소년들 역시 시민으로서의 권리를 지닌 당당한 주권자일 뿐 아니라 우리 사회와 미래를 이끌고 나아갈 주체가 될 수 있음을 보여주고 있습니다.

우리 역사에서 두드러지는 청소년들의 정치참여

우리나라 청소년들은 대한민국 정치사에 많은 영향을 미쳐왔습니다. 많은 시대적 변화를 동반한 시대적 사건들의 중심에 청소년들이 있었습니다. 청소년들의 의로운 행동과 참여적 실천은 청소년이 결코 미성숙한 존재가 아니라 우리 사회의 당당한 구성원임을 증명해 왔습니다. 민족의 위기나 사회의 불의가 가득하여 근원적인 변화가 필요한 시점에는 당당히 거리로 뛰쳐나와 용기 있는 목소리를 내었습니다.

일제 강점기 시절, 독립운동의 시발점을 만들었던 3.1운동의 유관순 열사는 당시 고등학교 1학년(18세)이었습니다. 일본의 만행이 본격화 되고 식민지 무단통치와 민족문화 말살 정책이 진행되어 가는 시점에는 전라남도 광주의 학생들은 민족의 자유와 독립을 찾자며 1929년 11월 3일 항일 운동을 일으켰습니다. 대한민국 정부가 수립되고 나서도 청소년들의 정치참여는 이어졌습니다. 우리나라 헌법에 명시되어 있는 4.19혁명은 당시 16세였던 김주열 열사의 죽음으로 촉발되었으며 학생들이 주축을 이루었습니다. 그래서 '4.19학생의거'라고 부르기도 합니다. 1970년대 분신을 하며 열악한 노동환경을 고발한 항거한 전태일 열사도 당시 22세였지만, 노동운동에 투신한 시기는 16세였다고 합니다. 이후 1980년 5.18광주민주화운동, 1987년 6.10민주항쟁에도 청소년들의 정치참여는 이어졌습니다. 이러한 청소년의 정치참여는 2000년대 이후에도 꾸준히 이어져 왔습니다. 특히 세월호 촛불시위 및 촛불시민혁명(일명 '촛불혁명') 당시에도 중 고등학생들의 참여가 정치권에 큰 반향을 일으켰습니다. 2017년 3월에 실시된 조사에 따르면, 촛불집회에 참여한 청소년은 4명중 1명(24.3%)으로 그 비율이 상당히 높았습니다.

여기서 주목할 점은 보통 시위 현장의 주요 구성원들은 현 정치의 미래를 쥔 유권자들이 대다수입니다. 자신이 선출한 국민의 대표가 잘못된 길로 빠졌거나, 정부가 잘못된 길로 들어서게 되었을 때 이의를 제기하고 저항을 하는 것은 그들을 뽑은 유권자들의 의무이자 권리이기 때문입니다. 그런데 왜 현행법상 대표를 뽑을 수 있는 권한도 없었던 청소년들이 이렇게 대거 집회에 나서게 되었을까요? 학생들은 기성 세대의 불의에 대항해 모여 외쳤고 무엇이 정의인지를 주장했던 것입니다. 즉 학생들은 우리 역사와 사회의 흐름 속에 능동적인 주체로서 참여하였습니다.

역사적으로 바라본 학생들의 정치참여

1. 3.1 운동에 참여, 만 17세였던 유관순 열사

2. 1929년 11월 3일 광주학생들의 항일 독립운동

3. 4.19혁명에 참여, 당시 만 15세였던 김주열 열사의 죽음이 점화

4. 1970년대, 노동운동의 아버지라 불리는 전태일 열사

5. 1980년 5.18광주민주화운동 및 1987년 6.10민주항쟁

6. 유신 독재 정권 반대 민주화 운동

7. 박근혜-최순실 국정농단 규탄 촛불시민혁명 및 세월호 촛불 시위 등

청소년은 스스로 선택할 능력이 없다는 기성 세대의 편견

기성세대들은 유아기와 청소년기를 거쳐 성인기를 살아오면서 스스로도 깨닫지 못하는 한 가지 딜레마에 빠져 있습니다. 자신들이 청소년기에 가졌던 사고방식과 행동방식들이 현재의 청소년들의 사고방식과 행동방식과 '차이가 있다'는 것을 인정하면서도 동시에 자

신들과 다를 바 없이 '같다'라고 여기는 것입니다. 즉 자신들의 청소년 시기의 경험에 기초하여 청소년 시절에 대해 잘 알고 있다고 믿고 있는 것입니다. 그러한 근거 없는 믿음에서 그들은 우리 청소년을 오해하고 불안해합니다.

지금의 기성세대가 학창시절에 받은 교육은 '바르게 자라야한다'는 인성교육과 분단 상황에서 이념적 적대성을 강조하는 반공교육이 주를 이루었습니다. 즉 훈육과 엄격한 규율과 이원론적인 대결의 문화가 팽배하였습니다. 따라서 기성세대의 학창시절에는 교사의 체벌이 지극히 당연시 되었고 학교나 부모의 권위와 말에 이유 없이 순종할 것을 강요하는 규범적인 사고가 팽배하였습니다. 개인의 자율성이나 창의적이고 새로운 생각을 열어주기보다 어른들이 시키는 대로, 학교에서 하라고 지시하는 대로 따를 것이 요구되었습니다. 또 누구든 그러한 규범에 맞추어 살아가고 행동하는 것이 손쉽고 편했습니다. 이처럼 기성세대가 살아온 시대는 규율사회의 특징을 지니고 있습니다.

따라서 기성세대의 입장에서 지금의 청소년들을 바라보면 무언가 완전해 보이지 않고 불안해 보입니다. 무엇인가를 계속 주입시켜 가르쳐야 할 것 같고, 청소년 스스로 결정하는 것은 불안해 보이고, 순종하지 않는 아이들은 불량학생이 될 것 같다는 생각을 하고 있습니다. 매스컴에서 전해지는 청소년들의 범죄를 보며 우리 기성세대들은 기다렸다는 듯이 '요즘 것들은 기본이 없어!', '요즘 것들은 생각이 없어!', '쟤네들 부모는 누구야?' 와 같은 말을 쏟아내기도 합니다.

1990년 대한민국 18세 이하 인구의 비율은 33.8%로 거대 집단에서, 저출산 기조가 계속되면서 2018년 17.2%로 감소하였습니다. [참고. 통계청 장래인구추계] 여기서 문제가 되는 것은 그 감소 속도가 매우 빠르다는 것입니다. 이 변화는 단순히 학생 수가 줄어들고, 미래 인구가 감소하는 문제만을 의미하지 않습니다. 이는 우리 사회에서 청소년들이 차지하는 자리가 축소되었음을 의미하며, 투표권도 없었던 우리 청소년들은 늘 뒷전에 밀려 더욱 위축될 수밖에 없다는 것입니다. 청소년들의 인구는 이처럼 반 토막이 되었는데 최근 청소년들의 흉포하고 잔인한 범죄가 뉴스 면을 장식하고 있습니다. 하지만 실제 통계에 따르면 청소년들의 범죄율은 꾸준히 감소 추세에 있습니다. 1990년대 청소년범죄는 폭행상해범죄 50%, 절도범죄 30%가 발생하였으며 청소년보호법이 만들어진 이유 또한 청소년에 의한 범죄가 너무나 심각했기 때문입니다. 하지만 2016년 대검찰청 범죄분석 자료에 따르면 전체범죄

대비 청소년범죄의 비율은 2015년 3.5%까지 감소하였으며, 청소년 흡연율과 가출경험 역시 감소하여 청소년 비행도 줄어들고 있음을 말해줍니다. 또한 우리나라 학생들이 얼마나 윤리적인지를 다른 나라의 학생들과 비교해 보면 더욱 확실합니다. 한국을 방문한 외국의 청소년정책 담당자들이 한결같이 놀라는 것은 대한민국의 치안수준과 길거리에서 만난 청소년들의 친절성과 호의입니다. 그럼에도 불구하고 기성세대들이 바라보는 '청소년 이미지'는 기성세대들의 청소년기와 비교하여 타락하고 불량하다고 합니다. 그 이유는 무엇일까요? 몇 가지의 이유가 있겠지만 청소년범죄 사례가 인터넷을 통해서 아주 빠르게 선정적으로 알려진다는 것입니다. 이전에는 해당 학교나 지역에서만 알려지고 말았을 범죄들이 이제는 순식간에 전국적 이슈가 되고 있습니다. 그 결과 사람들이 체감하는 청소년범죄의 빈도는 늘었다고 느끼는 것입니다. [참고. 장근영. 한국청소년정책선임연구원. 청소년들은 그저 불량하기만 할까? 오마이뉴스. 2017.11.03]

그 결과 기성세대의 사람들은 '요즘 청소년들은 불량하고, 사회 질서에 순응하지 않고, 이기적이다'는 이미지와 편견을 지니고 있는 것입니다. 즉 '청소년은 불완전하고, 스스로 선택할 수 있는 능력이 없고, 오로지 교육과 훈계의 대상이 되어야 한다'는 인식을 지니고 있는 것입니다. 이러한 편견과 오해는 청소년의 정치참여나 투표권 부여에 대하여 소극적인 태도와 정책을 추진하여 온 배경이라고 할 수 있습니다.

민주주주의 발전은 참정권 확대의 과정

현 정부에서 '선거연령 18세 하향 조정 논의'를 진행하면서 선거연령 인하가 사회적 이슈로 부각되었습니다. 그리고 마침내 2019년 12월 27일 공직 선거법 개정안이 국회를 통과되고 2020년 제 21대 국회의원 선거에서부터 만 18세 청소년들도 선거에 참여하였습니다.

청소년 참정권을 부여해야 하는 이유와 그 정당성에 대해 함께 살펴 봅시다.

먼저, 참정권 확대를 통한 청소년의 사회참여는 세계적인 흐름입니다. 2019년까지 OECD 국가 중에 선거연령이 만 19세인 나라는 한국밖에 없었습니다. 이미 다른 국가들은 모두 만 18세 또는 만 16세부터 선거권을 부여하고 있고, 만 18세인 나라도 만 16세로 낮추는 추세가 대세입니다. OECD 국가들이 다 그렇게 한다고 하여 우리나라도 그렇게 해야 한다는 식의 주장이 아닙니다. 세계적인 표준에 맞추어 시민으로서의 최소한의 권리를 부여하는 것이 마땅하다는 것입니다. 18세 연령까지의 아동 및 청소년의 건강한 성장과 발달에 대한 국가 책임을 강조하고 있는 '유엔아동권리협약'을 보더라도 생존, 보호, 발달과 함께 '참여권'을 강조하고 있습니다. 참여는 청소년들의 기본 권리로서 청소년들이 학업이나 생활, 노동, 인권 등 자신들의 삶과 관련된 모든 제도에 자신들의 생각을 반영하도록 보장되어야 함을 의미합니다. 경제협력개발기구(OECD) 국가들 역시 청소년의 참정권을 강화하고 있습니다. 놀랍게도 OECD 국가들 가운데 최근까지 선거 연령을 만 19세로 지정하였던 나라는 대한민국이 유일합니다.

둘째로, 청소년의 참정권 제한은 우리나라 다른 법령들과 모순됩니다. 현행법에 의하면 누구든 만 18세가 되면 법적으로 병역의무가 부과되고, 혼인과 운전면허 취득이 가능하며, 국가 공무원 시험에 응시할 수도 있습니다. 그런데 유독 청소년들에게 투표권을 부여하는 일에는 왜 그렇게 인색했던 것일까요? 이는 앞서 언급한 바처럼 기성세대들이 청소년들에 대해 선입견을 가지고 잘못된 시각을 가지고 있다는 데 가장 큰 이유가 있을 것입니다.

하지만 우리 사회의 청소년들은 음으로 양으로 현실 정치나 사회문제에 이미 깊이 관여해 왔습니다. 청와대의 각종 국민 청원에서 많은 청소년들의 목소리를 내고 있고, 각종 집회나 시위에 참여하여 발언권을 확대하고 있습니다. 또한 자신들이 제기하는 문제에 대해 기성세대들의 반응이나 관심이 미흡함을 깨닫고 스스로 청소년 단체를 조직화하여 청소년들의 입장을 피력하기도 합니다.

청소년들의 사회참여 역량은 '청소년특별회의'를 통해서도 확인되고 있습니다. 청소년특별회의는 청소년의 시각에서 청소년이 바라는 정책의제와 그에 따른 정책과제를 발굴하여 정부에 제안하기 위한 회의로서, 청소년 기본법 제12조에 따라 2005년부터 매년 개최하여 왔습니다. 이에 따라 정부는 청소년의 사회참여를 촉진하기 위해 청소년특별회의인 청소년참여위원회와 청소년운영위원회를 설치 운영하고 있습니다. 전국 시. 도의 청소년들이 전문가와 같이 참여하여 그들이 바라는 정책과제를 지난 십여 년간 정부에 제안하였으며, 그 제안과제의 수용률이 평균 90%에 달한다는 사실은 우리 청소년들이 제안하는 정책과제가 얼마나 현실적이고 타당한지를 보여주는 좋은 사례라고 할 수 있습니다.

셋째, 특히 청소년기는 다른 어느 연령기보다 사회심리학적으로 논리력과 이성적 판단이 가장 발달하는 시기이며, 도덕적 양심이 최고조에 이르는 시기라고 전문가들은 입 모아 말합니다. 즉 정치적인 이해관계나 사회적 담론으로부터 벗어나서 가장 순수한 인식과 판단을 하는 세대라는 것입니다. 따라서 그들이 선거에 참여할 경우 가장 공평하고 객관적인 기준으로 투표권을 행사할 가능성이 높습니다. 95살 이상의 노인에게도 선거권을 부여하면서도 논리적 판단력과 때묻지 않은 도덕성을 갖춘 만 18살 청소년에게 선거권을 주지 않았던 과거의 투표권 기준은 시대에 뒤떨어진 관행이었습니다. 뒤늦게나마 18세 청소년에게 투표권이 주어진 것은 참으로 다행이라고 할 수 있습니다 .

세계의 역사가 보여주듯 민주주의의 발전은 결국 참정권 확대의 과정이었습니다. 청소년들의 선거권 행사가 확대될수록 청소년들의 의견이 반영된 청소년 정책들과 교육정책들이 실현될 수 있을 것입니다. 청소년의 판단력과 도덕성과 순수성에 대한 신뢰를 가지는 일은 우리 사회의 발전을 위해서도 중요합니다. 우리 사회가 더욱 공정한 사회로 나아가기 위해 그 출발선에 있는 청소년에게서부터 시작되어야 할 것입니다. [참고. 송병국 한국청소년정책 연구원장. 한겨레신문. 2018.11.26]

청소년 참정권 논의의 역사
- 우리나라 임시정부 수립 당시 만 18세부터 선거권을 주도록 정한 바 있음.
- 1980년 신민당 의원들이 의회에서 처음으로 '만 18세 선거권'을 논의한 자료가 있음.
  그 이후 만 18세에 선거권을 요구하는 시민운동이 본격적으로 시작. 이후 20년이 지나감.
  그 때마다 정치권과 기성세대들은 '시기상조'라는 말로 거듭 미뤄왔음
- 2019년 12월 27일 공직 선거법 개정안이 국회를 통과

청소년 참정권 확대에 대한 반대의견과 숨은 과제

만 18세로 선거연령을 낮추자는 의견은 어제 오늘의 일이 아니라, 오래전부터 청소년 계와 시민사회단체에서 일관되게 주장해 왔습니다. 게다가 국가기관인 국가인권위원회와 중앙선거관리위원회에서도 청소년들의 높은 교육 수준과 다양한 정보습득 등을 이유로 긍정적인 태도를 보여 왔습니다. 그런데 왜 이렇게 선거연령 인하를 통한 청소년 참정권 확대는 미뤄져 왔을까요? 그 이유는 먼저 청소년들의 참정권 확대를 민주주의 발전이나 성숙으로 보기보다 '정치쟁점화'하여 유불리를 따지는 일부 정치세력들이 반대하여왔기 때문입니다. 그리고 만 18세에 해당하는 고등학교 3학년 학생들이 선거에 참여할 경우 학교가 '정치판'으로 변할 것이라는 주장 때문입니다. 그리고 기성세대에 속하는 사람들이 청소년들의 선거를 통한 정치참여에 우려의 목소리를 내었기 때문입니다. 2019년 한 여론 조사에 의하면 선거연령 하향에 찬성의견이 44.8%, 반대의견이 50.1%로 집계되기도 했습니다. 이처럼 찬반 의견이 엇갈리고 있는 이유는 분명 청소년들의 '참정권'에는 반드시 수반되어야 하는 과제들이 있기 때문입니다.

그러면 청소년 투표권 부여에 반대한 주장들의 논거를 살펴보고, 우리들의 과제를 한번 생각해 보기를 바랍니다.

학교가 정치판이 된다는 주장

선거연령이 만 18세가 되면 현 고3학생들에게 투표권이 주어집니다. 입시를 앞둔 중요한 시점에서 고3 수험생들이 투표를 하거나 선거에 관심을 가지게 되면 교실은 정치판이 될 것이라는 주장입니다. 그리고 선거법에 의하면 참정권을 가지게 되면 정당 가입도 허용되고 정치 활동을 할 수 있게 됩니다. 게다가 선거철이 되면 정치인들이 학교를 표밭으로 하여 선거운동을 전개할 가능성도 적지 않다는 것입니다. 그렇게 되면 먼저 미래의 꿈을 위해서 교실에서 학업에 매진해야 될 청소년들이 정치판의 소용돌이에 휘말려서 학업을 등한시하고 오히려 갈등과 분열을 조장할 수도 있다고 예상하는 것입니다.

민주주의 사회에서 국민의 기본권리인 '청소년의 참정권'이 가져다주는 장점도 분명하지만 그에 대해 우려되는 약점도 분명히 있습니다. 이를 정확히 이해하고 예방되어야만 설득력 있는 민주사회로 발돋움을 할 수 있을 것입니다.

학생들이 올바른 선거정보를 수집할 시간이 부족하다는 주장

고등학교 3학년 학생들에게 투표권을 주는 것이 시기상조라고 주장하는 사람들이 의외로 많았습니다. 투표권을 제대로 행사하기 위해서는 선거와 관련한 정보를 습득하는 과정이 중요합니다. 하지만 초중고등학교 12년이라는 시간을 오로지 대입을 위해서 치열하게 경쟁을 하며 공부하고 있는 학생들에게는 그럴만한 충분한 시간이 있느냐는 질문을 던지고 있는 것입니다. 일부 전문가들은 이렇게 충고합니다. "충분한 정보수집 시간이 없다면 성숙된 선거참여 문화형성이 어려워질 것이고, 충분한 시간을 가지려 한다면 학업을 등한시 하는 그런 결과가 나올 수 있기 때문에 신중에 신중을 기울여야 한다."

청소년 표심을 의식하며 포퓰리즘 정책이나 법률을 시행할 가능성에 대한 우려

정치인들의 생명은 투표의 결과에 의해 좌지우지 됩니다. 각 정당 역시 마찬가지입니다. 따라서 정치인들이 학생들의 표를 얻기 위해 적절하지 않은 법령을 만들거나 정책을 추진할 수도 있다는 지적입니다. 다소 극단적인 예이지만, 가령 학생들의 표를 얻기 위해 현재 유해업소 출입 금지를 해제하거나 PC방의 밤 10시 제한을 새벽 2시까지 연장하는 공약을 걸 수도 있다는 것입니다. 심지어 18세 청소년에게 술과 담배의 판매를 허용하겠다는 포퓰리즘 공약까지 내세울 수 있다는 우려입니다. 정당들과 정치인들의 성숙한 태도가 우선되어야 하겠지만 일부 몰상식한 정치인들의 포퓰리즘 공약의 가능성은 배제할 수 없다는 것입니다.

청소년의 선거법 위반 가능성에 대한 우려

2019년 한국교총의 조성철 대변인은 "학생들이 선거법을 어기는 등 위법을 저지르거나 학교의 면학 분위기를 해치면 누가 책임을 져야 할 것인가?"라고 질문을 던진 바가 있습니다. 만일 어떤 학생이 선거법을 어겨 불법적인 선거운동을 하거나 선거법을 위반하는 행위를 하였을 경우 복잡한 문제가 발생하는 것은 틀림이 없습니다. 아직 그런 경우는 없지만, 모든 법률의 개정에는 가능한 한 예상되는 부작용을 생각하여야 하므로, 이는 우리가 분명히 짚고 넘어가야할 과제라고 보아야 할 것입니다.

청소년에 대한 현행법들과 충돌하는 경향이 있다는 주장

우리나라 민법 4조에는 '사람은 만 19세로 성년에 이른다'는 규정이 있습니다. '성년에 이른다'는 것은 민법상 부모의 친권에서 벗어나서 단독으로 유효한 법률행위를 하는 것을 말합니다. 하지만 우리나라 청소년보호법의 규정에는 '만 19세 미만'을 청소년으로 규정하고 있습니다. 선거권 참정권은 어떻게 보면 법률행위로 볼 수 있는데, 그러면 민법이나 청소년보호법의 연령 규정과 충돌하는 부분이 생깁니다. 따라서 '성년'의 나이를 낮추어야 한다는 주장도 제시되고 있습니다.

이와 관련하여 흥미로운 주장을 하는 목소리가 있습니다. 한국 교총의 조성철 대변인은 "선거권 연령 하향은 단순히 좀 더 일찍 투표를 할 수 있게 됐다는 것만 의미하는 것이 아니다. 선거권 연령 하향은 곧 성년 연령을 내린다는 의미다"고 말하면서 그것은 소위 '19금'이 해제되는 것이라고 경고하였습니다. 일단 만 18세가 된 학생들은 정치활동을 할 수 있게 되어 이제 '성년의 권리만 누릴 수 있는 것이 아니라 성년이 되기 전까지 각종 위협에서 보호받을 권리, 이를테면 부양청구권도 박탈되는 것이다'고 주장하기까지 하였습니다.

[참고 인용 : 선거법 개정안의 또 다른 논란 '만 18세 선거권' 찬반 근거들, 하주희 기자, 주간조선]

OECD(36개국)중 투표연령

만 16세	오스트리아
만 17세	그리스
만 18세	네덜란드, 노르웨이, 뉴질랜드, 덴마크, 독일, 라트비아, 리투아니아, 룩셈부르크, 멕시코, 미국, 벨기에, 스웨덴, 스위스, 스페인, 슬로바키아, 슬로베니아, 아이슬란드, 아일랜드, 에스토니아, 영국, 이스라엘, 이탈리아, 일본, 체코, 칠레, 캐나다, 터키, 포르투갈, 폴란드, 프랑스, 핀란드, 헝가리, 호주, 한국

OECD(36개국)중 중요 국가 '교복' 투표 현황

졸업 후 투표 9개국	미국, 영국, 일본 등
졸업 전 투표 27개국	캐나다, 프랑스, 독일, 호주 등.

[자료: OECD 교육지표]

선거권 연령 하향에 찬성	선거권 연령 하향에 반대
1. 투표 연령 만 18세는 세계적인 추세	1. 교실의 선거운동화
2. 만 18세는 이미 실질적인 성년	2. 학업에 방해
3. 청년층의 정치 참여 독려	3. 잘못된 법률 제정 가능성
4. 청소년들의 권리회복	4. 선거권 연령 하향에 대한 사회적 합의가 전무

[출처 : 중앙일보 [JTBC 아침. 진행 이정현] 2019.12.5]

청소년에게 주어진 시민으로서의 권리, 시민으로서의 책임

전 세계적으로 어린이날은 있어도 학생의 날이 있는 나라는 대한민국이 유일합니다. 바로 우리 학생들의 간절하고 절실한 용기 있는 행동이 이 나라의 원동력이 되었고 이는 더욱 퍼져 전 국민을 하나로 모아주었습니다. 대한민국을 지탱해주고 가장 자기다운 목소리를 내어주었던 것은 바로 우리 청소년들입니다. 늦어지긴 했지만 대한민국에서도 참정권 확대를 통해 만 18세 청소년에게도 투표권이 부여되었습니다. 모든 권리에는 책임감이 따르고 그 책임에는 반드시 행동이 뒤따릅니다. 이제 선거권을 얻게 된 청소년들이 '스스로 판단하고 선택하고 행동하는 시민'으로 성숙할 때 대한민국의 민주주의는 보다 발전하게 될 것입니다.

먼저, 청소년들이 참여적 태도와 함께 책임성 있는 권리 행사를 하여야 할 것입니다. 자신의 생각과 정치적 입장 및 요구를 분명히 하고, 투표권으로서 이를 표현하는 자세가 필요합니다. 그리고 청소년의 정치적 참여는 참정권만을 통하여 이루어지는 것이 아닙니다. 다양한 방식으로 자신의 의견을 표현하고 여론에 참여하는 것이 가능합니다. 지금의 중학생이나 고등학교 1-2학년의 경우에도 얼마 지나지 않아 참정권을 행사하는 나이가 되므로 시민의식, 주권자 의식을 가지고 자신의 권리를 표현하고 민주주의의 발전에 참여하여야 할 것입니다.

그리고 기성세대와 부모들의 인식의 전환이 필요합니다. 청소년에 대한 편견이나 불안한 마음을 내려놓고 청소년들이 어떻게 시민으로서 성장해가며 민주주의의 일원이 되어가는 일을 이해하고 격려해주어야 할 것입니다. 일각에서는 수능을 준비하는 학생들의 경우 선거 입후보자 및 전반적인 선거에 대한 지식이 부족하고 입후보자의 자질에 대해 정확한 평가가 어려우므로 결국은 만 18세 학생들의 투표에 부모의 결정이 영향을 미치리라고 주장하기도 했습니다. 일부 학생들의 경우 그런 경우가 있겠지만 모두가 그런 것이 아니라고 보아야 합니다. 더구나 학생들의 입장에서는 부모와의 입후보자에 대한 토론과 대화로 이어져 부모들도 공약사항을 한 번 더 살펴보는 긍정적인 요소가 생겨날 수 있습니다. 그리고 투표를 하지 않는 부모들에게 투표해야 한다고 설득하여 부모님의 투표에도 영향을 줄 수 있다는 긍정적인 효과도 있습니다. 누구를 지지할 것인가?에 초점을 두기보다 청소년들도 한 사람의 시민이며, 나아가 균형있는 사고방식과 선택 능력을 지닌 민주 사회의 구성원이라는 신뢰가 필요한 것입니다.

특히 학교에서도 선생님들이 개인의 정치적 견해를 벗어나서 객관적이고 중립적인 입장에서 합리적인 토론을 통해 민주시민교육을 하는 일이 중요합니다. 가령 교사와 학생들이 함께 각 정당이나 입후보자들의 공약을 분석해보는 경험을 공유할 수 있다면 청소년들의 선거문화는 보다 빠르게 성숙해질 것이라 생각합니다. 한 때 교실에서 교사가 '정치편향적 이념 발언을 했다'는 논란이 일어나기도 했습니다. '편향'이라는 기준이 애매하므로 찬성과 반대의 논쟁들이 이어졌습니다. 하지만 여러 전문가들의 지적사항들을 받아들여 교육 현장에서 특정 이념이나 정당정치에 치우치지 않는 건강한 시민교육이 이루어져야 할 것입니다.

만18세 청소년에게 주어진 참정권은 우리 사회와 청소년들에게 큰 의미를 지니고 있습니다. 이제 우리 청소년들에게 주사위가 던져졌습니다. 청소년은 우리 사회의 일원이자 시민이기도 합니다. 또한 청소년은 새로운 시대와 미래를 여는 주인공이기도 합니다. 우리에게 시민으로서의 권리와 함께 책임이 주어졌습니다. 청소년의 정치참여는 이제 법적으로 보장된 현실이 되었습니다. 우리나라의 민주주의의 발전과 청소년들을 위한 정책 개발에 청소년들의 목소리가 반영되어 모두 상생하는 사회로 나아가야 할 것입니다. [참고. 이

청소년 보호법[靑少年保護法]

청소년에게 유해한 매체물과 약물 등이 청소년에게 유통되는 것과 청소년이 유해한 업소에 출입하는 것 등을 규제하고, 폭력 · 학대 등 청소년유해행위를 포함한 각종 유해한 환경으로부터 청소년을 보호 · 구제함으로써 청소년이 건전한 인격체로 성장할 수 있도록 함을 목적으로 하는 법률 또한 청소년인 만 19세로 제한하고 있다. (1997. 3. 7, 법률 제5297호)

[참고 사항] 독일의 '보이텔스바흐 합의(Beutelsbacher Konsens)'와 시민교육

1976년 독일 모든 정파의 정치인들과 교육자들이 보이텔스바흐라는 도시에 모여 정치교육의 원칙에 대해 토론하면서 보이텔스바흐 합의 3대 원칙이 만들어졌습니다. 그 첫째 원칙은 강제성 금지입니다. 강압적인 교화나 주입식 정치 교육을 금지한다는 조항입니다. 둘째는 논쟁성 유지입니다. 현재 사회에서 논쟁적인 사안이라면 수업에서도 논쟁 상황과 각 입장이 그대로 드러나야 한다는 의미입니다. 셋째는 학생의 상황과 이해관계를 고려해 스스로 시민적 역량을 기를 수 있도록 한다는 원칙입니다. 이상의 세 가지 원칙을 통해 40년 이상이 흐른 지금까지도 선진적인 독일 시민 교육의 기본원칙으로 인정받고 있습니다.

[출처 : 선거법 개정안의 또 다른 논란 '만 18세 선거권' 찬반 근거들. 하주희 기자, 주간조선]

깊이 생각하기 : 생각할 질문과 토론 주제

 질문

'청소년 참정권 확대에 대한 반대의견과 숨은 과제' 부분을 읽고 다음의 질문에 대해 생각해 보세요.

Q1. 학교가 정치판이 될 수 있다는 우려가 현실화될 가능성이 있을까요? 여러분들의 생각은 어떤가요? 만약 이를 예방하는 조치가 필요하다면 어떤 조치를 하는 것이 좋을까요?

Q2. 올바른 선거를 하기위해서는 분명 해당 후보자에 대한 정보는 물론 당의 성격을 파악하는 것도 중요합니다. '학생들이 선거 정보를 수집할 시간이 없다'는 의견에 대해 동의하시나요? 동의하지 않는다면 그 이유는 무엇이고, 동의한다면 어떻게 시간을 확보하시겠습니까?

Q3. 청소년의 표를 얻기 위해 정책과 법을 만드는 것과 청소년의 권리를 확장하기 위한 정책과 법을 만드는 것을 어떻게 구분할 수 있을까요? 청소년 PC방 출입 시간을 제한하는 것에 대해 어떻게 생각하시나요? 청소년에게 술, 담배를 제한하는 것에 대해서는 어떻게 생각하시나요?

Q4. 청소년의 입장에서 정치인들의 잘못된 포퓰리즘 공략을 어떻게 막을 수 있을까요?

Q5. 선거법 위반 청소년에 대한 법적책임에 대해 어떻게 생각하십니까? 만약 법적 책임을 물어야 한다면 어떤 기관에서 책임져야 하며 해당 청소년에 대한 처벌은 어떻게 시행되어야 할까요?

Q6. 현행법들과의 충돌을 피하기 위해 성년에 대한 규정을 바꾸어야 한다고 생각하나요? 아니면 두 개의 규정이 달라도 된다고 생각하나요? 그렇다면 그 이유는 무엇인가요?

Q7. 한국 교총 조 대변인의 말처럼 '청소년들이 당연히 누려야 할 권리를 잃을 수 있다'는 충고에 대해 자신의 생각을 담아 반박하여 보세요.

더 깊은 학습을 위한 자료들

[책]

우리는 현재다 : 청소년이 만들어온 한국 현대사. 공현, 전누리 저, 빨간소금. 2016. 12. 12.

청소년을 위한 정치학 에세이. 설규주(대학교수), 해냄출판사. 2018. 1. 2.

청소년, 정치의 주인이 되어 볼까?(청소년을 위한 살아 있는 정치 이야기). 이효건 저, 사계절출판사.
  2013. 7. 10.

청소년의 법과 생활(아는 만큼 힘이 되는). 법무부 저, 법무부. 2014. 2. 1.

[언론기사]

청소년 선거권을 허용해야 하는 이유. 송병국, 한겨레신문. 2018. 11. 26.

다시 떠오른 '만 18세 선거권' 찬반 논란. 중앙일보[JTBC]. 2019. 12. 5 .

선거법 개정안의 또 다른 논란 '만 18세 선거권' 찬반 근거들. 하주희 기자, 주간조선. 2019. 12. 11.

청소년들은 그저 불량하기만 할까? 장근영, 오마이신문. 2017. 11. 3).

교사 정치참여 허용…'표현의 자유 vs 정치적 중립' 논란 재연. 고유선 기자, 연합뉴스. 2017. 7. 19.

[논문]

청소년 정치참여의 의미와 학교교육의 방향. 남미자 오 1인, 교육정치학연구. 2020.

청소년 역량지수 측정 및 국제비교 연구. 장근영, 한국청소년정책연구소. 2016.

만 18세 참정권 변화에 따른 사회제도 · 정책의 변화 양상. 송보희, 미래연구. 2017.

[영화 및 동영상]

부력. 로드 라스젠 감독, 2020. 6. 25.

"청소년 참정권 보장은 민주주의 확대의 첫걸음". 강민진, 시사포커스TV. 2019.11.17. Youtube.

청소년이 참정권 요구하는 이유 "모두를 위한 인권". SBS. 2018. 4. 17. 네이버 뉴스.

주제 8
통제사회와 프라이버시

우리나라에서 코로나19 확진자들의 동선을 공개하자
서구 사람들이 펄쩍 뛰며 반대하고 비난했다.
그들은 왜 그렇게 민감하게 반응하는 걸까?
그건 생각이 다르기 때문이지.
'개인의 자유'를 절대 가치로 생각하기 때문이야.
공공의 안전과 이익이 먼저일까? 인권 보호가 먼저일까?
이 두 마리 토끼를 다 잡을 수 있을까?
프라이버시 침해를 바라보는 두 철학적 시선을 통해
다양한 관점에서 현 사회를 재해석 해보자.
'사회와 개인'의 관계는 사회영역의 영원한 주제이다.
이 주제만 제대로 파악해도
사회의 많은 것들이 저절로 보일 거야.

관련주제 및 키워드

프라이버시 침해, 개인 동선 공개, 공공이익, 개인의 자유,
인권침해, 공리주의, 사회적 계약론, 통제사회, 파놉티콘, 시놉티콘

글쓴이 · 황인애

중고등학교 국어교사, 한문교사 / 국어, 한문, 한국어 정교사 2급 자격
영국 레딩 한글학교 한국어 교사 / 남북사랑학교 진학진로부장 및 국어, 한국어 교사
한진연 입시전략연구소 교육이사 겸 국어수석위원

통제 사회(CONTROLLED SOCIETY)와 프라이버시, 공익과 개인의 자유 사이에서

코로나19 팬데믹(Covid-19 Pandemic)과 프라이버시 침해 논란

코로나19는 2020년 1월 20일 국내에서 첫 확진자 발생을 시작으로, 2020년 3월 12일 세계보건기구(WHO)가 팬데믹(세계 대유행)을 선언하며 사태는 계속 장기화되고 있습니다. 코로나19 초기 대응에 대해 대한민국 정부는 개방성과 투명성에 근거한 3T(진단검사 · Test, 접촉자 추적 · Trace, 감염초기 치료 · Treat) 대응 전략을 바탕으로 입국 금지, 지역 봉쇄 없이 민주적이고 투명한 방법으로 코로나19 상황에 효과적으로 대처했고 그 결과 코로나 대응 모범국가라는 찬사를 받기도 했습니다.

하지만 코로나19 확진자 개인의 동선 정보 공개로 인해 개인 정보 보호를 위협하고 프라이버시 침해를 한다는 우려의 목소리가 제기되기도 합니다. 코로나19 추가 피해를 막기 위한 정보 공개가 먼저인지 확진자의 프라이버시 보호가 먼저인지 '뜨거운 감자'와 같은 이 논쟁에 대해 면밀히 살펴봅시다.

> 팬데믹(Pandemic) : 세계보건기구(WHO)가 선포하는 감염병 최고 경고 등급으로, 세계적으로 감염병이 대유행하는 상태를 일컫는 말이다. 그리스어로 'pan'은 '모두', 'demic'은 '사람'이라는 뜻, 팬데믹의 우리말 대체어로는 '(감염병) 세계적 유행'이 사용됨. 인류 역사상 팬데믹에 속한 질병은 14세기 중세 유럽을 거의 전멸시킨 '흑사병(페스트)', 1918년 전 세계에서 5,000만 명 이상의 사망자를 발생시킨 '스페인 독감', 1968년 100만 명이 사망한 '홍콩 독감' 등이 있다. 특히 WHO가 1948년 설립된 이래 지금까지 팬데믹을 선언한 경우는 1968년 홍콩독감과 2009년 신종플루 그리고 2020년 코로나19의 세 차례가 있다.

프라이버시((Privacy) : 개인의 사생활이나 집안의 사적인 일. 또는 그것을 남에게 간섭받지 않을 권리를 말한다. 1948년 세계인권선언 제12조 조항에는 '나의 프라이버시, 가족, 집, 편지나 전화 등 통신에 대하여 아무도 함부로 간섭할 수 없다', '나의 명예와 신용에 상처 입지 않는다. 만약 그런 일이 있을 때는 법의 보호를 받을 수 있다.'고 명시하고 있다. 즉 개인의 자유와 프라이버시 보호는 법 조항에서 '인간의 기본권'이라고 천명되고 있다. 대한민국헌법 17조 조항에는 '모든 국민은 프라이버시의 비밀과 자유를 침해받지 아니한다.', '37조 2항에는 국가안전보장, 질서유지, 공공복리 등을 위해 필요한 경우 법률로서 기본권을 제한할 수 있다.'고 규정하고 있다. [개인의 자유와 프라이버시 보호는 인간의 기본권. EBS 클립뱅크, https://youtu.be/XVMHIVPBCio] 사회마다 약간의 차이가 있다. 개인의 자유를 절대적 가치로 이해하는 서구사회일수록 프라이버시 보호에 대한 요구와 제도적 보호 수준이 높다.

코로나19 방역을 위한 개인 동선 공개의 딜레마

2020년 5월 초 이태원 클럽발(發) 코로나19 확산을 막기 위한 이태원 방문자 추적 과정에서 프라이버시 침해 논란이 있었습니다. 이동통신업계(SK텔레콤, KT, LGU+ 등)가 4월 말에서 5월 초까지 약 13일간 이태원 내 클럽, 주점, 호프 인근의 기지국 접속 정보를 방역 당국에 넘겼기 때문입니다. 거브러여수스 WHO 사무총장은 '한국 정부 동선 공개는 강력한 방역 조치'라고 언급하며 한국의 감시 조치가 한국 내 감염병 대처에 역할을 하고 있다고 긍정적으로 평가했습니다.

하지만 확진자 정보 공개로 인해 확진자와 관련된 이들에 대한 비난, 루머, 명예훼손, 허위 사실 유포 등의 여파가 발생하자 국가인권위원회는 ① 개인의 신분을 특정하지 않고 시간별 장소만 공개, ② 보건 당국의 방문지 소독, 방역 현황 공개, ③ 확진자 프라이버시 보호 방안 강구를 하겠다고 대책을 언급했습니다. 아울러 중앙방역대책본부 부본부장 '권준욱'은 정부 입장에서 '확진자 동선 공개 가이드'를 제시했습니다. ① 확진자 프라이버시 보호 차원으로 세부 주소, 직장명 비공개, ② 감염이 우려될 접촉이 있는 경우, 장소와 이동 수단만 공개, ③ 모든 접촉자가 파악됐을 시 비공개의 지침이 그것입니다. 또한 이태원 클럽 확진자 발생 이후 코로나19 검사 방법을 '실명에서 익명'으로 바꾸면서, 2차 및 3차

감염 확산을 보다 예방할 수 있었습니다.

SBS 인터뷰에 따르면, '휴먼 라이트워치'라는 단체의 타티아나 로크시나 이사는 '정보의 과도한 수집은 권위주의 정부가 국민을 통제하기 위한 수단으로 이용될 수 있다'고 그 위험을 지적했습니다. 국제비영리법률센터(ICNL) 자료에 따르면, 한국의 보건복지부에서 영장 없이 개인정보 수집을 허용하고, 재난문자를 통해 확진자의 동선을 공개하는 것이 부적절하다고 지적하며, 코로나19 대응 과정에서 프라이버시 침해 우려가 있는 32개 나라 중 한국도 포함하였습니다. 이에 대해 강경화 외교부 장관은 독일의 공영방송인 도이체벨레와의 인터뷰에서 한국의 코로나19 추적 체계에 대한 프라이버시 침해 지적에 대해 '프라이버시는 제한될 수 있지만 법의 테두리 안에서 제한되어야 한다'고 답변했습니다. 그리고 확진자 동선 정보에 대해, 2020년 8월 5일 시행되는 개인정보보호법 개정안에 근거하고 있으므로 확진자 동선 정보 공개는 개인정보보호법 위반도 아니며, '개인정보'가 아닌 공익적 목적으로 정보주체의 동의 없이 활용할 수 있는 '가명정보'라는 새로운 개념으로 분류한다고 설명했습니다. [코로나19 확진자 동선정보 공개, 개인정보보호법 위반일까?. 넷앤드, 전자신문, 2020.4.27]

우리는 이러한 논란에 대해 어떤 시선을 가져야 할까요? 많은 전문가들이 앞으로 감염병은 주기적으로 올 수 있다고 경고하고 있습니다. 따라서 감염병 예방을 통해 개인의 생명과 공동체 안전을 지켜야 할 과제가 있습니다. 하지만 코로나19 사태는 일시적인 현상이 아니라 장기화 되고 있는 만큼 개인 정보 보호에 대한 세심한 시각이 꼭 필요합니다.

한국과 서구의 견해 차이 : 공공이익 VS. 인권침해

코로나19 방역에 가장 중요한 정보는 장소와 시간이라고 합니다. 어디에서 확진자가 발생하였고, 언제 어느 장소에 확진자가 머물렀느냐가 확인되어야 방역이 가능하기 때문입니다. 코로나19 확진자의 개인정보 분석과 공개에 대해 대한민국 국민 중 90.3%가 '적절하다'고 응답하였다는 설문조사 결과가 있습니다. 국민들의 대다수가 정보 공개를 찬성하고 있는 것입니다. [국민 90% "코로나 확진자 정보 공개 적절". 윤영혜 기자, 한의신문, 2020.5.19]

미국 일간 뉴욕 타임즈(NYT)에서는 이와 같이 정부가 적극 개입하여 확진자의 동선을 추적하고 공개하여 코로나19 통제에 성공 사례를 보여주고 있는 나라로 대한민국 외에 대만과 싱가포르 등을 꼽았습니다. 대만은 특히 출입국관리기록과 의료기록을 통합 관리함으로써 의사가 환자의 상태를 바로 확인할 수 있는 시스템을 구축했으며, 싱가포르는 한국과 중국처럼 GPS를 사용해 확진자의 동선을 추적하는 것이 아닌 '트레이스 투게더(Trace Together)'라는 블루투스로 추적 앱을 개발하여 사용한다고 합니다. 즉 이들 국가는 정보 공개를 하면서도 프라이버시 침해를 최소화하는 방식으로 방역하는 시도를 진행하고 있는 것입니다. [코로나19 동선공개냐 프라이버시보호냐…미국서 '뜨거운 감자'. 현혜란 기자, 연합신문, 2020.3.30]

하지만 대부분 유럽 국가 및 미국 등 서구사회의 경우 입장이 매우 다릅니다. 이들 나라의 시민들은 미국의 정치가 패트릭 헨리의 '자유가 아니면 죽음을 달라'라는 구호를 인용하며 지역 봉쇄령(lockdown)이나 개인 정보 공개 등에 대해 반대 시위를 하며 목소리를 높였습니다. 북유럽의 스웨덴 경우에는 코로나19 초기에 아무런 봉쇄 조치나 확진자 정보 공개가 없이 '집단면역' 방식으로 대응하기도 했습니다. 그 결과가 어떻게 되었을까요? 미국은 전 세계에서 가장 많은 코로나19 확진자를 양산하였고, 스웨덴은 결국 방역과 경제라는 두 가지 영역에서 가장 실패한 사례로 언급되고 있습니다.

문정임 Global Asia 및 연세대학교 명예특임교수는 JTBC 방송에서 한국의 코로나19 대응을 존 롤스의 '정의론'과 장 자크 루소의 자유 사상과 미국 하버드 대학교 정치학과 교수 마이클 샌델의 '공동체주의'가 합쳐진 형태라고 언급합니다. '정의론'에 의해 가장 어려운 사람부터 우선 치료하고, '공동체주의'에 의해 공동체 이익을 위해 개인의 프라이버시와 자유를 일시적으로 희생하여 생활 방역, 동선 추적 및 공개 등이 원활하게 이루어졌다고 봅니다.

하지만 서구 사회의 경우에는 자유에 대한 이해가 사뭇 다릅니다. 특히 미국의 경우 개인의 자유와 권리가 공동체보다 우선한다는 애덤 스미스(Adam Smith)의 '자유방임주의'를 바탕으로 한 로버트 노직(Robert Nozick)의 '자유지상주의' 사상이 강합니다. 다른 어떤 것보다 개인의 프라이버시가 더 중요하다고 생각하는 것입니다.

존 롤스(John Rawls)의 '정의론(A Theory of Justice)' : 미국 철학자 존 롤스의 사회 윤리학 저서. 현대 영미철학에서 상당히 영향력이 있는 사회철학이며, 그의 사상은 자유경제 사회에 복지주의를 접합시키려는 시도를 담고 있다. 그는 두 가지 정의의 원칙을 강조한다. 첫 번째 정의원칙은 모든 사람들이 기본적인 자유를 평등하게 나누어 가져야 한다는 것이고, 두 번째 정의원칙은 우선 사회의 직위 직책은 모든 사람에게 개방되고 사회경제적 불평등은 최소 수혜자의 입장을 개선시키는 한도 내에서 정당화될 수 있다는 차등 원칙(the difference principle)이다.

공동체주의(Communitarianism) : 공동체의 가치를 강조하며 개인의 좋은 삶을 공동체와 분리될 수 없는 것으로 보고, 공동선에 대한 의무를 제시하는 정치철학적 입장을 의미한다. 공동체주의는 존 롤스(John Rawls)가 《정의론 A Theory of Justice》(1971)을 발간한 이후 롤스와 그의 지지자들의 입장에 대하여 비판적 입장을 취하며, 공동체와 공동선에 대한 의무를 보다 강조한다.

자유방임주의(laissez-faire) : 개인의 경제활동의 자유를 최대한으로 보장하고, 이에 대한 국가의 간섭을 가능한 한 배제하려는 경제사상 및 정책. 자본주의 생성기에 중상주의(重商主義)에 반대하는 프랑스의 중농주의자(重農主義者)들이 최초로 주장하였다. 이 사상에 기반하여 아담 스미스(Adam Smith)는 그의 경제이론서인 〈국부론〉에서 '보이지 않는 손(시장기구)'을 언급하였다.

프라이버시 침해를 보는 두 철학의 시각 - 공리주의와 사회적 계약론

공리주의자가 바라보는 세상

다음 사례 A, B에 대해 고민해 봅시다.

[사례A]

당신은 전차를 운전하고 있다. 선로 앞에는 5명이 묶여있고 전차가 그대로 달리면 5명이 죽는다. 그런데 오른쪽 선로에는 1명이 묶여있고 전차가 오른쪽으로 선회하면 1명이 죽는다. 과연 당신은 선로를 바꿀 것인가?

[사례B]

마찬가지로 선로 앞에는 5명이 묶여있고 전차가 그대로 달리면 5명은 죽는다. 당신 옆에 뚱뚱한 사람이 있다. 그 사람을 선로에 밀면 전차는 멈춰서 5명을 살릴 것이고 뚱뚱한 사람 1명은 전차에 치여 죽을 것이다. 당신은 뚱뚱한 사람을 밀 것인가?

위의 질문은 마이클 샌델 교수의 〈정의란 무엇인가〉에 나오는 예화입니다. 아마 대부분의 경우 A사례에서는 오른쪽으로 선회하여 5명보다는 1명의 희생을 택할 것입니다. 그리고 B사례에서는 선뜻 뚱뚱한 1명의 희생을 선택하지는 못할 것입니다. 위의 사례는 '다수의 이익을 위해 소수의 희생을 정당화할 수 있는가?'하는 본질적인 질문을 던집니다. 이렇게 다수의 이익 극대화를 위해 소수의 희생을 정당화하는 철학사상을 '공리주의'라고 합니다.

이러한 공리주의 관점에서 다시 개인의 프라이버시와 국가의 통제권 이슈를 살펴보도록 합시다. 코로나19 확진자의 동선 공개는 분명 확진자 소수의 개인 정보가 노출되는 희생이 따릅니다. 그 희생의 댓가로 불특정 다수의 잠재적인 감염 리스크가 줄어드는 것을 통해 사회 전체의 이익(Utility)은 확대됩니다. 언뜻 보면 개인 프라이버시는 대의를 위해 희생될 수 있다는 공리주의 주장에 수긍이 갈 수 있습니다.

하지만 다음 경우를 생각해 봅시다. '확진자의 동선 노출로 인해 그가 방문했던 영세한 가게 다수가 폐업을 한다면?', '개인 동선 노출로 인해 확진자의 아이가 학교에서 왕따를 당한다면?', '확진자의 동선이 공개되면서 확진자의 업무 시간 근무 이탈이 밝혀지고 이로 인해 확진자가 회사에서 해고된다면?' 이러한 경우를 가정한다면, 공공의 이익을 위해 개인의 프라이버시를 침해해도 된다는 공리주의자들의 주장에 선뜻 동의하기도 힘듭니다. 이것이 공리주의가 갖고 있는 한계입니다. 단순히 양적인 개념으로만 비교할 수 없는 가치가 있기 때문에 다수를 위해 소수를 희생해야 하는 공리주의는 한계가 있을 수밖에 없습니다.

이번 코로나19에서 제기된 개인의 프라이버시 침해는 단순히 공리주의적인 관점으로만 접근을 하기에는 무리가 있기 때문에 우리 사회는 공리주의 관점 이외의 보다 다양한 관점에서 이 주제를 들여다보는 것이 필요합니다.

공리주의(Utilitarism) : 19세기 중반 영국에서 나타난 사회사상으로 가치 판단의 기준을 효용과 행복의 증진에 두어 '최대 다수의 최대 행복' 실현을 윤리적 행위의 목적으로 보았다. 공리주의(utilitarianism)는 공리성(utility)을 가치 판단의 기준으로 하는 사상이다. 곧 어떤 행위의 옳고 그름은 그 행위가 인간의 이익과 행복을 늘리는 데 얼마나 기여하는가 하는 유용성과 결과에 따라 결정된다고 본다. 넓은 의미에서 공리주의는 효용·행복 등의 쾌락에 최대의 가치를 두는 철학 혹은 사상적 경향을 통칭한다.

사회계약론자들이 바라보는 세상

국가와 개인은 일종의 계약에 의해 성립되었다는 주장이 사회계약론자들의 핵심 주장입니다. 사회계약론자로 유명한 사람들로는 홉스, 로크, 루소가 있는데 큰 맥락에서 이들의 사회계약론은 유사해 보이지만 그 기원과 개인의 권리의 범위 등에 있어서는 조금씩 다릅니다. 그렇기 때문에 만일 이 세 명이 현대 사회에 살고 있다면 통제사회와 프라이버시 이슈를 바라보는 그들의 시각도 조금씩 다를 것입니다.

1) 먼저 '홉스의 관점'에서 살펴보도록 합시다. 홉스는 자연 상태의 인간 사회는 '만인의 만인에 대한 투쟁'이라고 보고 있습니다. 즉, 인간은 이기적인 동물이기 때문에 누군가 중간에 중재해주지 않으면 사회는 항상 투쟁으로 가득찰 것이라고 봅니다. 홉스는 이 영원한 투쟁 상태를 해결하기 위해서는 '리바이어던(Leviathan)'(구약성경에 나오는 죽지 않는 괴물)과 같은 권력이 인간을 통제해야 한다고 주장합니다. 결국 '리바이어던'만이 이 혼란을 끝낼 수 있고 국민은 국가와의 계약을 통해 자신의 권리일체를 양도해야 한다고 합니다. 홉스는 계약을 통한 국가 구성만이 국가에게 강한 힘을 부여하고 국민들은 국가 권력에 복종할 의무를 지닌다고 생각합니다. 하지만 홉스의 사상은 절대왕정, 절대국가를 지지하는 절대국가론과는 다릅니다. 홉스 사상의 핵심은 개인의 자연권을 보호받기 위해 개인의 동의를 전제로 한 사회계약이라는 것입니다. 그리고 그는 그 자연권을 보호하기 위해서는 국가에 힘을 부여해야 한다고 생각했습니다.

이제 '홉스의 관점'에서 통제사회와 프라이버시 이슈를 들어다 봅시다. 아마 그는 질병으로부터 개인을 보호하기 위해 국가에 힘을 부여해야 하기 때문에 개인의 자연권 중 하나인 프라이버시를 국가에 양도해야 한다고 생각할 것입니다. 홉스의 관점에서 바라보면 대한민국은 그가 생각하는 사회계약설에 가장 충실한 국가로 생각을 할 것이고, 대한민국의 방역 성공 사례는 개인의 자연권을 국가에 양도하여 국가가 효과적으로 질병 확산을 통제함으로써 개인의 자연권을 보호하는 사례로 평가될 것입니다.

2) 다음으로 '로크의 관점'에서 살펴봅시다. 로크의 사회계약설의 핵심은 '사유재산권의 절대성'입니다. 그렇기 때문에 국가는 사유재산권을 보호하고 유지하기 위한 목적으로 존재하며 개인들이 상호협약을 맺어 자발적으로 수립한 사회라고 생각합니다. 그는 국가의 권력을 지지하지만 그 권력은 개인의 신탁(信託)에 근거한 권력이며, 이 신탁을 배반한 정부에 대해서는 저항권을 행사할 수 있음을 주장했습니다. 로크는 국민의 저항권을 중요시하였으며 저항권에 바탕을 둔 '제한 정부론'을 가장 바람직한 정부의 모습이라고 생각했습니다.

'로크의 관점'에서 통제사회와 프라이버시 이슈를 살펴보면 재미있는 결론이 나올 것 같습니다. 그의 사회계약론의 핵심은 사유재산권의 절대성이기 때문에 이 이슈에 대한 방향성도 사유재산권의 침해 관점에서 볼 것입니다. 국가가 프라이버시를 침해함으로써 '기업이나 자영업자나 개인의 경제적 이익' 등의 사유재산권이 침해되었다면 그는 개인의 프라이버시를 희생하면서 방역 성공 사례를 만든 대한민국 정부를 비판할 것입니다. 하지만 정반대로 질병 확산으로 인해 사유재산권 침해 규모가 훨씬 크다면, 그는 개인의 프라이버시 보호라는 명목으로 국가의 역할을 제대로 못하고 있는 서구 사회를 비판할 것입니다. 아무래도 사유재산권 침해, 즉 경제적 피해 규모가 큰 국가들이 주로 서구 국가이므로 아마 로크는 그러한 국가에 대해 더 따가운 시선을 보낼 것입니다.

3) 마지막으로 '루소의 관점'에서 살펴봅시다. 루소의 사상은 프랑스 절대 왕정에 대한 비판에서부터 출발합니다. 그의 유명한 저서 〈사회계약론〉은 '인간은 자유롭게 태어났으나 모든 곳에서 사슬에 매여 있다'는 문장으로 시작합니다. 그는 모든 문제의 시작은 인간 사회가 불평등하다는 것과 인간들은 속박 상태에 있다는 것에 있다고 봅니다. 그는 먼저 인간들의 자유가 회복되어야 하고 이를 기반으로 평등 사회를 이룩해야 한다고 생각합니다. 그리고 이를 토대로 '국민의 동의에 의해 성립된 국가'를 만들어야 한다고 주장합니다.

하지만 그는 국가 권력을 부인하는 것은 아닙니다. 루소는 국가 권력이 국민들의 자유로운 의지에 의해 계약을 맺어 형성되는 것이라고 정의합니다. 그렇기 때문에 개인의 일반의지는 국가 권력보다 더 중요하다고 보고 있고 국가는 일반의지를 집행하는 기관으로 생각합니다.

'루소의 관점'에서 통제사회와 프라이버시 이슈를 생각하면 그 방향성은 명확합니다. 개인의 일반 의지가 최상위 가치이기 때문에 각 개인의 일반 의지에 반하는 그 어떠한 일도 국가기관은 할 수 없습니다. 이 관점에서는 개인의 프라이버시를 희생해도 된다는 시민들의 동의와 이를 실행해도 된다는 상호 계약이 있어야만 국가가 통제를 할 수가 있다고 봅니다. 그렇지 않은 경우에는 프라이버시 침해란 '국가의 횡포'로 간주될 것입니다. 루소가 코로나19에 대한 대한민국 정부의 대응 정책을 판단할 때, 개인의 일반 의지가 얼마나 보호받고 있고 이를 국민이 동의하는지를 제일 먼저 따질 것입니다. 그리고 그 결과는 현재 루소의 국가관을 기반으로 형성된 사회에 살고 있는 프랑스인들이 대한민국의 프라이버시 침해를 부정적으로 바라보는 시각과 궤를 같이할 것입니다.

만인의 만인에 대한 투쟁(The war of all against all) : 토머스 홉스가 자연 상태의 인간 존재에 대해 〈리바이어던〉에서 언급한 유명한 문장이다. 홉스는 사람들이 사회-이전의 조건 즉 자연 상태에 처할 경우 어떤 일이 일어날지에 대해 이론화하였다. 홉스에 따르면, 인민은 결국 평화를 누리기 위하여 사회계약 상태로 들어가는 것을 선택하며, 심지어 그 과정에서 인민들이 자연 상태에서 가졌던 몇 가지 자유를 포기하기에 이른다고 보았다. 즉 사회적 질서를 유지하고 인민 전체를 대표하는 주권의 역할이 국가에 의해 수행되는 것을 필연적으로 보았다. 홉스의 사상은 근대 민주주의 사상의 하나가 되었다. 이는 그의 사상이 그 당시 군주(왕)의 절대적인 힘에 기초한 절대주의 군주제의 국가들과 비교할 때, 인민의 동의와 계약을 강조하고 있기 때문이다.

개인의 자유와 프라이버시 보호는 어떻게 지킬 수 있을까?

　현대 사회는 어느 누구나 손쉽게 SNS를 통해 자신의 일상과 생각을 올리면서 자연스럽게 공유하는 일명 글로벌 네트워크(Global-network)를 이루고 있습니다. 우리는 특별한 경우나 심지어 사소한 경우도 폰으로 사진을 찍거나 동영상을 찍어서 SNS에 올리곤 합니다. 자신의 온라인 사회 관계망 형성을 위해 스스로 개인 정보를 노출합니다. 플랫폼기업이나 정부나 학자들은 이 정보를 바탕으로 빅 데이터를 활용해 사회 구성원의 정보를 파악하거나 전 세계인 동향이나 여론, 각 분야의 트렌드를 파악하는데 유용하게 사용하고 있습니다. 이제는 플랫폼기업들이 개인의 선호도까지 파악하여 내가 자주 시청하는 유투브 영상이 자동으로 올라오고 인터넷 쇼핑 상에서는 내가 자주 검색했던 목록 위주로 추천 품목이 올라오기도 합니다.

　하지만 만일 나의 개인 정보들이 내가 의도하지 않았거나 원하지 않았던 방식으로 다르게 사용되거나 활용된다면 어떤 생각과 느낌이 드나요?

　한 예로 중국 공안 당국이 2,000만대에 달하는 인공지능(AI) 감시 카메라를 기반으로 구축한 범죄자 추적 시스템 '천망(天網)' 캡처의 약 9분간 동영상 공개로 큰 이슈와 논란이 있었습니다. 중국은 인공지능(AI) 시스템을 통해 홍채 인식, 안면 인식, 지문 인식을 통해 개인 신상 및 정보를 상세히 파악해 범죄자 예방에도 활용하며, 체온 감지 스마트 안경과 개인의 건강 상태를 나타내는 QR코드 도입으로 코로나19 방역에 힘쓰고 있다고 보도했습니다. 심지어 중국 충칭시는 무려 260만대의 감시카메라가 있다고 합니다. 중국 공영방송 'CCTV'의 한 다큐멘터리 프로그램에서는 과거에 시진핑 국가 주석의 업적을 공표하며, 천망을 '국민의 안전을 지키는 눈'이라고 소개했습니다. 이에 프랑스 국제라디오 RFI는 "감시 카메라 2,000만대로 구성된 감시망의 존재는 국민을 보호한다는 명분 아래 프라이버시를 침해하고 있다"고 비판했습니다.

　최근 한국에서도 전자출입명부 시스템 도입에 대한 찬반 논의가 뜨겁습니다. 이는 입장객 QR코드 제시 시행에 대한 것으로, 그 목적은 감염병 예방을 위해 주로 다중이용시설을 이용할 경우 QR코드를 찍어야 입장이 가능하도록 하여 출입자 관리를 위한 것이라고 합니다. 입장객 QR코드 도입에 대해 감염 경로 추적이 용이하다는 찬성 입장도 있지만, 역학조사에 필요한 4주가 지나면 정보를 자동적으로 파기한다는 조건이 있다하더라도 개인 정보 유출에 대한 프라이버시 침해와 감시의 우려 문제에 대해 자유롭지 못한 것은 사실입니다.
[중국 AI 범죄자 추적 시스템 "천망[天網]" 물의. 정원영 기자, 로봇신문, 2017. 10. 01.]

'프라이버시(Privacy)'는 '사람의 눈을 피하다'라는 라틴어에서 유래한 말입니다. 그 정확한 의미는 '자신에 대한 정보를 언제 어떻게 어느 정도 타인에게 유통시키는 지를 스스로 결정한 권리'라고 정의되고 있습니다. 하지만 우리는 두 가지 심리를 가지고 있습니다. 먼저 자신의 정보를 스스로 노출하여 온라인 사회관계망을 형성하려는 욕구와, 개인 정보 노출을 꺼리고 개인 정보를 보호하려는 심리를 동시에 가지고 있습니다. 각 개인이 SNS망에 노출한 개인정보와 온라인 접속 정보를 이용하는 거대한 시스템을 목격하면서 개인 정보 노출을 꺼리는 경향을 '프라이버시의 역설(Privacy Paradox)'이라고 합니다. [EBS 표현의 자유 vs 프라이버시 보호, 선택은? https://youtu.be/bW6MW_iyfR0]

지금 시대에서 우리들의 개인 정보와 프라이버시가 원치 않게 이용당하고 침해당하는 현실로부터 자유로울 수 있을까요? 과연 우리의 자유와 프라이버시는 보호될 수 있을까요? 우리는 이러한 근원적인 질문을 던지지 않을 수 없습니다.

통제사회의 도래, 코로나19 이후 '파놉티콘' 더 강화될 것인가

파놉티콘, 감시와 통제의 원형
영국의 공리주의 철학자 제르미 벤담은 1791년 한 명의 간수가 수백 명의 죄수를 통제할 수 있는 효율적인 원형 감옥인 '파놉티콘(panopticon)'을 만들자고 제안합니다. 결국 그는 투자자를 찾지 못해 이 원형 감옥을 건설하지는 못했습니다. 프랑스 철학자 미셸 푸코는 1975년 〈감시와 처벌〉이라는 책에서 이 파놉티콘 발상을 현대 '감시사회'의 특징으로 언급합니다. 푸코는 현대 권력은 사람들의 의식을 통제하고 감시하는 새로운 형태의 권력으로 자리 잡고 있다고 말합니다. '파놉티콘'이라는 단어는 권력에 의한 통제와 감시 시스템을 잘 보여주고 있고, 모든 감시 장치의 원형이 되었습니다. 현대 권력은 온갖 기술적 장치의 발달로 소수의 감시로 다수를 관리, 감독하기가 훨씬 더 용이해졌기 때문입니다.

통제와 감시 개념은 현대 사회의 특징을 잘 보여주고 있습니다. 그 단적인 예로 CCTV

를 들 수 있습니다. CCTV는 누가 우리를 보는지는 알 수 없지만 나를 지켜보고 통제하는 어떤 힘을 느끼게 합니다. 따라서 사람들은 누군가 나를 보고 있다는 것을 의식하며 스스로 사회적 규율을 내면화하여 지키려고 노력합니다. 그리고 거기에 맞추어 행동하고 살아 갑니다. 우리는 원하든 원하지 않든 어느새 '자발적 감시 사회' 즉 '파놉티콘 사회' 속에서 살고 있다고 할 수 있습니다.

> **파놉티콘(panopticon)** : 팬옵티콘, 판옵티콘, 패놉티콘. 1791년 영국의 철학자 제러미 벤담이 죄수를 효과적으로 감시할 목적으로 고안한 '원형 감옥'을 말한다. 팬옵티콘의 어원은 그리스어로 '모두'를 뜻하는 'pan'과 '본다'는 뜻 'opticon'을 합성한 것이다. 번역하면 '모두 다 본다'는 뜻이다. 원래는 죄수를 감시할 목적으로 영국의 철학자이자 법학자인 제르미 벤담(Jeremy Bentham)이 1791년 처음 설계한 것이다.

'시놉티콘' 관점도 필요하다

'시놉티콘(Synopticon)'은 '파놉티콘(Panopticon)'의 반대되는 개념으로 '감시에 대한 역감시'를 의미합니다. 파놉티콘이 자리를 잡던 19세기에 오히려 노르웨이의 범죄학자 토마스 매티슨은 다수가 소수의 권력자를 언론과 통신으로 감시할 수 있는 체제가 발달했다고 주장했습니다. 쉬운 예를 들자면, 시민들은 인터넷을 통해 정보와 의견을 교환하고 표현함으로써 권력의 통제에 대응할 수 있습니다. 파놉티콘은 인터넷 실명제의 수직적 감시 시스템이라면, 시놉티콘은 인터넷 익명제의 수평적 역감시 시스템이라고 할 수 있습니다.

디지털 정보 시대 발전으로 특히 인터넷을 통해 우리는 이제 누구나 정보를 수용하고 활용할 수 있게 되었습니다. 게다가 자유주의 시민 의식 역량 강화로 점차 사회에 대한 비판적 시각과 다양한 의견들도 표출되고 있습니다. 소수 권력에 의한 다수 시민의 감시가 이루어지다가 이제는 다수 시민들에 의한 소수 권력의 감시가 이루어지는 역감시가 이루어지고 있다고 할 수 있습니다. 다양한 시민운동이나, 온라인 서명운동이나 '사이버 국민신문고', 대부분의 홈페이지에 개설되어 있는 '자유게시판'이 그 예입니다. 이러한 시놉티콘의 흐름은 파놉티콘과 더불어 쌍방향 감시를 통해 소수와 다수 즉 권력과 시민들이 서로를 견제하며 상생할 수 있는 보다 더 나은 사회로 하는 건강한 힘이 되어야 할 것입니다.

깊이 생각하기 : 생각할 질문과 토론 주제

 질문

Q1. 여러분이 외교부 장관이라고 가정할 때, 외신과의 인터뷰에서 다음과 같은 질문을 받았다면 어떻게 대답하시겠습니까?
"한국 정부의 신종 코로나19의 추적 체계가 지나치게 사생활을 침해하는 것 아닙니까? 이에 대한 장관님 생각을 듣고 싶습니다."

Q2. 향후 미래사회에 개인의 프라이버시 문제는 더 확대될 것인가? 아니면 축소될 것인가? 확대된다면 이에 대한 적절한 대처 방안은 무엇이 있을까? 생각해 봅시다.

Q3. 빠른 디지털 사회 전환에 따라 개인의 일거수 일투족이 노출되는 시대에 디지털 사회 전환은 어느 정도 통제가 되어야 할까요? 아니면 이대로 두어도 괜찮을까요?

 토론주제

1. 정부의 효과적인 코로나19 확산 방지 노력에 따른 개인의 프라이버시 침해 이슈를 최소화하기 위한 방안은 무엇이 있을까요?
   − 개인의 프라이버시, 즉 개인 데이터를 공공재화 하기 위한 방안은 무엇이 있을까?
   − 선별적인 정보를 선별적인 대상으로 제공할 수 있는 방법은 어떤 것들이 있을까?
   − 개인의 프라이버시 중 절대적으로 보호받아야 할 정보와 공익 목적으로 공개가 가능한 정보는 무엇이 있을까?

2. 코로나19 확산을 예방하기 위해 개인의 프라이버시를 침해한다는 서구 사회의 우려에 대해 우리는 어떻게 반박할 수 있을지 생각해 봅시다.
   − 공리주의 관점에서 반박의 논리는 무엇인가?
   − 그들이 신봉하는 사회계약론 관점에서 서구 사회의 대처방식이 갖고 있는 문제점은 무엇인가?

더 깊은 학습을 위한 자료들

[책]
페스트(La Peste). 알베르 카뮈 저, 김화영 역, 민음사, 2011. 3. 18.
정의란 무엇인가. 마이클 샌델 저, 김명철 역, 와이즈베리, 2014. 11. 20.
BOY 7. 미르얌 모스 저, 이동준 역, 아이세움, 2012. 7. 30.
파놉티콘. 제러미 벤담 저, 신건수 역, 책세상, 2019. 10. 30.
1984. 조지 오웰 저, 정회성 역, 민음사, 2003. 6. 16.
사피엔스. 유발 하라리 저, 조현욱 역, 김영사, 2015. 11. 24.

[언론기사]
코로나19와 개인정보법 과제. 이상직 기자, 전자신문, 2020. 4. 9.
방역과 프라이버시, 같이 갈 수 있다. 이하늬 기자, 경향신문, 2020. 5. 9.
코로나19 사태로 본 공공의 알권리와 개인 프라이버시의 충돌. 김승수 교수. 매경프리미엄. 2020. 4. 17.
코로나가 불러온 '파놉티콘' 사회. 김창우 기자, 중앙선데이, 2020. 6. 6.

[논문]
정보사회에서 감시와 프라이버시에 대한 연구. 이민, 서강대학교 공공정책대학원, 2005. 8.
학칙을 통해서 본 학생의 프라이버시권 침해와 보장. 김영숙, 한국교원대학교 대학원, 2005.
SNS상에서 프라이버시 침해의도에 영향을 미치는 요인들 : 작성, 유포행위를 중심으로. 김상희, 충북대
　　학교 대학원, 2017. 2.
CCTV, 감시, 규율권력 : 고등학교에서의 CCTV에 대한 사례 연구. 박혜성, 고려대학교 대학원, 2012. 2.
학교현장의 범죄예방환경설계(CPTED) 실태 및 적용방안 연구 : 초등학교의 자연적감시를 중심으로. 박
　　종진, 한국교원대학교 교육정책대학원, 2015. 2.
형법적 사회통제와 미셸 푸코의 권력이론 : 영.미 형사사법의 전개양상을 중심으로. 고려대학교 대학원,
　　2014. 8.

[영화]
아웃브레이크(Outbreak). 볼프강 페터젠 감독, 더스틴 호프만/르네 루소/모건 프리먼 주연, 1995. 4 .1.
감기. 김성수 감독, 장혁, 수애, 박민하 주연, 2013. 8. 14.
이글 아이(Eagle Eye), D.J 카루소 감독, 샤이아 라보프, 미셸 모나한 주연, 2008. 10. 19.
헤커스. 세드릭 히메네즈 감독, 멜라니 두티/올리비에 바틀레미/프란시스 레노드 주연, 2014. 10. 1.
Boy 7. 오즈구르 일디림 감독, 데이빗 크로스/에밀리아 슐레 주연, 2015.
서치(Searching). 아나쉬 차간티 감독, 존 조/데브라 메싱 주연, 2018. 8. 29.
넷플릭스 브라질 오리지널 시리즈 '더 시스템'(원제 Onisciente). 카를라 살리/산드라 코르벨로니/조나탄
　　하겐센 등 주연, 2020. 1.

앞서 제시한 〈깊이 생각하기〉의 여러 질문과 토론 주제 중 1개를 정하여 '제목'을 만들고, 자신의 생각을 짧은 글로 써보십시오.

_____

주제 9
훈육과 학대

아동학대는 오랜 세월동안 모든 사회에서 반복되어 왔다.
우리들은 이 주제에 민감하다.
우리들 역시 어린이 시절을 보내었기 때문이다.
어린이들이 꿈꾸는 세상은 체벌과 성적이 없는 세상이란다.
왜 아동학대가 일어나는 걸까?
왜 우리 사회는 부모들의 자녀 학대와 체벌에 그토록 관대하였을까?
그 이유들을 추적해 보자.
아동학대는 인권의 문제이다.
아동학대를 막는 것은 단지 법적 처벌만으로는 역부족이다.
대안을 찾아보자.
완벽한 해법은 없지만 최선의 방법을 생각해 보자.

관련주제 및 키워드

학대, 아동학대, 훈육, 체벌과 폭력,
가정 학대, 아동청소년보호법

글쓴이 · 이혜은

현. 에스키어학원 대표 / 한진연 입시전략연구소 평촌센터장
한국영문법 인증협회 브랜드 본부장 / 유웨이 특목자사고 입시컨설턴트
유웨이 대입 학습컨설턴트 / 유웨이독서지도자 / 유웨이 사회교육 전문가

훈육과 학대,
고상한 명분으로 유린되는 아동인권

더 잔인해지고 더 늘어만 가고 있는 아동학대

우리 사회에서 참혹한 아동학대 사건이 거듭 발생하고 있습니다. 통계에 의하면, 2013년 6,796건에 달했던 아동학대 건수가 2014년에는 10,027건으로 늘어났고 불과 4년만인 2018년에는 24,604건으로 2013년 기준으로 약 3.5배나 아동학대 건수가 늘어났다고 합니다.

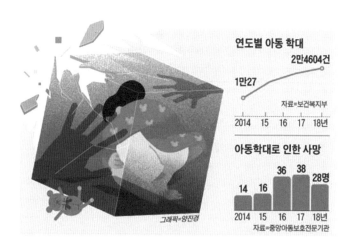

심지어 가정학대로 아동이 사망한 사건들도 이어지고 있습니다. 이런 끔찍하고 잔혹한 사건의 경우 사회적 이슈가 되어 국민들의 공분을 일으켰습니다.

2013년 칠곡 계모 아동학대 사망사건

의붓엄마 임씨가 의붓딸 A양(사망 당시 만 8세)을 구타한 후 복통을 호소하는 데도 병원에 데려가지 않아 장파열에 따른 복막염으로 숨진 사건입니다. 가해자는 구속되었고 친아버지 김 모 씨도 범행에 가담한 혐의로 함께 구속 기소되었습니다. 2019년 '어린 의뢰인'이라는 제목의 영화로까지 만들어졌습니다.

2014년 울산 울주군 아동학대 사망 사건

부모의 이혼으로 인해 생모와 헤어진 딸 이서현(당시 만8세) 양은 아버지와 계모와 함께 살고 있었는데 계모의 폭행에 의해 숨진 사건입니다. 계모는 울주군 자신의 아파트에서 '2,000원을 가져가지 않았다고 거짓말을 한다'는 이유로 구타하였고, '친구들과 소풍을 가고 싶다'는 이 양의 머리와 가슴 등을 주먹과 발로 폭행해 숨지게 하였습니다. 이 양이 사망하자 계모는 "딸이 목욕탕 욕조에 빠져 숨진 채 발견됐다"고 경찰에 허위신고를 했다고 합니다.

2020년 캐리어 아동학대 사건

충남 천안에서 의붓엄마가 거짓말을 했다는 이유로 아이를 여행용 가방에 7시간 동안 가둬두어 질식사 한 사건입니다. 사회적으로 큰 논란이 되었습니다.

2020년 창녕 아동학대 사건

2020년 창녕 9세 아동학대 사건은 그 잔혹함 때문에 사회적 파장이 컸습니다. 9살 피해 아동은 자신의 집에 갇혀 상습적이고 가혹한 폭력과 굶주림에 시달리며 학대를 당하였는데, 심지어 불에 달군 후라이팬으로 몸을 지지기도 했다고 합니다. 마침내 피해 아동이 4층 높이의 집 테라스(베란다)에서 지붕을 통해 옆집 테라스로 건너가 탈출하였습니다. 온몸에 멍이 들고 참혹한 피해 아동의 몰골을 보고 의심이 간 인근 주민이 피해 아동을 자동차에 태우고 아동이 목적지로 지목한 편의점까지 함께 동행하여 주었습니다. 피해 아동은 주민이 사준 음식으로 허기를 채우고, 이후 경찰의 도움을 받았습니다.

왜 아동학대가 일어나는 것일까요? 그리고 줄어들어야 마땅할 아동학대 사건이 왜 더 많이 증가하는 걸까요?

아동학대의 다양한 유형

우리나라 아동복지법에서는 아동학대를 다음과 같이 규정합니다. "아동학대란 보호자를 포함한 성인이 18세 미만인 사람의 건강 또는 복지를 해치거나 정상적 발달을 저해할 수 있는 신체적/정신적/성적 폭력이나 가혹 행위를 하는 것과 아동의 보호자가 아동을 유기하거나 방임하는 것을 말한다." [아동복지법 제3조 제7호. 아동학대범죄의 처벌 등에 관한 특례법 제2조 제3호]

즉 아동학대는 단지 신체적인 폭력만을 지칭하는 것이 아닙니다. 아동을 학대하는 '학대'에는 다음과 같은 범주가 포함됩니다.

신체적 학대 : 구타, 폭력, 감금 등 아동의 신체에 직접적인 해를 입히는 행위

정신적 학대 : 아동에 대한 애정과 관심을 주지 않는 행위, 아동을 다른 아동과 부정적으로 비교하는 행위, 아동이 보는 앞에서 부부간의 싸움, 정서적 위협, 감금이나 억제 등의 가학적인 행위

성적학대 : 보호자를 포함한 성인이 자신의 성적 충족을 목적으로 근친상간, 강간, 아동의 생식기를 가지고 놀리기, 성매매를 매개하는 모든 행위

언어적 학대 : 아동에게 욕을 하거나 심하게 고함을 지르는 폭언과 위협적인 언어, 아동의 단점을 계속적으로 놀리는 행위

방임 : 아동의 의식주 등 기본적인 욕구를 충족시키지 않는 행위, 의무교육이나 적절한 수면, 의료적 치료행위를 방치하는 행위, 아이를 유기하고 학교에 등교시키지 않거나 아이의 청결, 영양 및 건강 상태를 손상하는 행위도 포함됨

이처럼 아동학대는 폭력이나 폭언만이 아니라 자녀를 방치하는 소극적인 행위도 포함됩니다. 이는 아동이 신체적, 정서적, 지성적, 관계적으로 건강하게 자라나고 마땅히 행복을 누릴 권리가 있기 때문입니다. 따라서 부모가 아이를 올바르게 가르치고 양육하겠다는 의도를 지니고 있다고 하더라도 그 행위가 아이에게 상처를 줘서 정서 발달에 부정적 영향을 미친다면 그것은 학대에 해당되는 것입니다.

다양하고 복잡한 아동학대의 원인

아동학대 사건의 가해자는 대부분 부모입니다. 여기에서 부모는 친부모 및 계부모 모두 해당됩니다. 특히 계부모는 자신의 친자식이 아니라는 이유로 학대하기도 합니다. 친지나

주위 사람, 유치원이나 유아원의 선생, 베이비시터(아이를 돌보는 사람)나 동네 형이나 언니, 친형제나 오빠인 경우도 있습니다.

　부모에 의해 학대가 이루어지는 경우를 중심으로 아동학대 발생의 이유를 살펴봅시다.

　첫째, 아동학대 발생의 가장 큰 원인중 하나는 스트레스 해소입니다. 아동학대 가해자는 부모로서 아이를 올바르게 자라게 하기 위해 '혼내준다'. '체벌한다'고 말하지만 실제로 따져보면 스트레스를 해소하는 경우가 많다는 것입니다. 자신의 기대에 자녀가 못 미치거나 다른 일로 속상했을 때 그에 대한 화풀이로 분노를 표출하는 경우가 많다는 것입니다. 특히 부모가 부부갈등, 과중한 업무, 경제적 상황 악화 등으로 심각한 스트레스를 받았을 때 스트레스 해소성 학대가 빈번해집니다.

　둘째 원인은 가해자가 정신질환자인 경우도 많습니다. 매우 심각한 정신질환이 아니라 성격장애, 망상증 등 겉으로 보기에는 멀쩡해 보이는데 정신적으로 심리적으로 장애가 있는 경우가 많습니다.

　셋째, 가해자가 종교적인 맹신으로 사이비 종교를 믿거나 혹은 자신이 믿는 종교적 교리에 충실한 나머지 발생하는 아동학대 사건들도 있습니다. 소아암에 걸린 자신의 딸을 종교적 교리를 이유로 치료할 수 없다거나, 혹은 수혈을 거부하며 수술을 못하게 하는 극단적인 경우도 있습니다. 그리고 현대의학을 불신하며 자연치료를 맹신하여 유아가 열이 나도 해열제를 안 먹이거나 '자연식'이나 채식 위주의 식단을 고집해서 아동의 균형있는 영양 섭취를 하지 못하게 하는 유형의 학대도 있었습니다.

　넷째, 부모 자신의 불행한 과거사나 살아오면서 경험한 트라우마에 의한 경우가 많습니다.

　가해자인 부모 자신이 어린 시절에 부모로부터 학대와 멸시와 욕설과 방치 등을 당하며 성장한 경우입니다. 그러한 어린 시절의 불행한 트라우마와 기억이 성인이 되어 부모가 된 이후 자기 자식에게 비정상적인 학대를 하는 심리적 기제로 작용하는 경우입니다. 그래서 가정학대는 대를 이어서 재생산되기도 한다는 말이 있습니다. [참고자료 : 나무위키, '아동학대']

　이처럼 아동학대의 원인은 다양하고 복잡합니다. 학대가 일어나는 그 순간에는 스트레스 해소나 분노 폭발의 형태로 학대가 일어나는 경우가 많습니다. 그리고 그 근저에는 부모의 경제적 위기나 가정 갈등, 그릇된 신념이나 심리적 장애 등의 요소가 배경을 이루고 있습니다. 하지만 아동학대의 원인을 가해자의 심리적 병리적 특성이나, 아동의 발달적 특성, 혹은 잘못된 자녀양육 방법 속에서만 찾으려는 것은 문제의 원인을 가족 내부에서만 찾는 단점도 있습니다. 즉 그러한 현상을 일으키는 사회적이고 복합적인 작용을 소홀히 한다는 것입니다. 통계에 의하면 경제적으로 어려운 하층 계층일수록, 전통적인 가치가 지배하는 지역사회일수록 가정학대가 보다 많이 일어나므로 이에 대해 종합적으로 파악하는 거시적 관점이 필요하다는 견해도 있습니다.

체벌, 훈육과 학대 사이

아동학대를 정당화하는 논리, 훈육을 위한 체벌

아동학대는 주로 양육자인 부모와 가족에 의해 일어납니다. 가정이라는 공간 안에서 이루어지므로 좀처럼 노출되지 않는 특징이 있습니다. 게다가 우리 사회에서는 그동안 부모에 의한 학대를 인권유린이나 폭력으로 이해하기보다 훈육의 도구라고 생각하는 분위기조차 적지 않았습니다. 더구나 이웃 가정에서 엄연히 아동폭력이나 학대가 일어나고 있는데도 이에 대해서 개입을 꺼리는 분위기가 여전합니다. '내 자식이 아닌데 제 삼자가 어떻게 간섭할 수 있어?'라고 생각하는 태도입니다. 그래서 아이들의 울음이나 비명소리가 들려도 제지하지도 신고하지도 않는 것입니다.

사실 어디까지가 훈육이고, 어디까지가 학대인지 그 경계가 모호합니다. 그래서 가해자인 부모나 피해자인 아이들까지도 혼란스럽습니다. 두 가지 입장이 대립하고 있습니다. 훈육을 위한 체벌은 필요하다는 입장도 있고, 모든 종류의 체벌은 아동학대라고 보는 입장도 있습니다. 즉 훈육과 학대 사이에는 부모의 폭력을 정당화하는 '체벌'이라는 개념이 관련되어 있습니다.

그렇다면 훈육과 체벌과 학대의 뜻을 각각 알아봅시다. 훈육(訓育)은 '품성이나 도덕 따위를 가르쳐 기른다'는 말입니다. 체벌(體罰)은 '신체에 직접 고통을 주어 벌하는 행위나 그런 벌'을 지칭합니다. 학대(虐待)는 '타인을 몹시 괴롭히거나 가혹하게 대우하는 행위나 또는 그런 대우'를 뜻합니다.

교육학용어사전에서는 '훈육'이란 사회적 규제나 학교의 규율과 같이 사회적으로 명백하게 요청되는 행위나 습관을 형성시키고 발전시키는 것, 단체생활이나 사회생활에 적응하기 위해서 요청되는 여러 가지 바람직한 습관을 형성시키거나 규율위반과 같은 바람직하지 못한 행위를 교정하는 것을 말합니다. 전통적인 규율 사회에서는 훈육을 위해서 흔히 상과 벌이 사용되었습니다. 그런데 사실은 생활습관의 형성은 한 아동이 가정과 학교와 사회 속에서 사회화(社會化)되어가는 긴 과정을 통해서 이루어집니다.

그간 우리 사회에는 훈육과 체벌을 정당화하는 논리가 발달했습니다. '매를 아끼면 아이를 망칠 수 있다', '미운 자식 떡 하나 더 주고, 예쁜 자식 매 한 번 더 친다'는 속담들이 대표적인 예입니다. 우리 사회의 오랜 정서 안에 자리 잡고 있는 훈육의 정의는 '상'보다는 '벌'에 더 집중되어 왔던 것입니다. 그러다보니 가정이나 학교에서 일어나는 체벌에 대해 용인하고 매우 관대했던 것입니다. 하지만 이러한 생각들은 점점 낡은 시대의 유산으로 그 설득력을 잃어가고 있습니다. 이제는 체벌 혹은 훈육이라는 이름으로 그 어떠한 신체적 폭력이나 학대도 정당화할 수 없다는 사회적 분위기가 확산되어 가고 있습니다.

바람직한 훈육방식

부모가 아이를 훈육하는 방식은 아이가 어떤 사람으로 자라는지에 크게 영향을 미칩니다. 아이를 때리게 되면 아이가 부모의 눈치를 보게 되고 정서적으로 위축됩니다. 순간 겉으로는 움츠러들고 행동을 교정하는 것처럼 보이지만 마음속으로는 분노를 삼키게 됩니다. 특히 부모가 자신의 감정을 조절하지 못하고 폭발하는 모습을 보이게 되면 아이도 이를 학습하여 자신보다 약한 존재 즉 동생이나 친구나 힘이 약한 또래 아이에게 자신의 분노를 폭발하기도 합니다.

사실 체벌은 대개 부모가 아이들 때문에 참을 수 없을 정도로 화가 났을 때, 아이를 때리는 것을 정당화하기 위해서 시작됩니다. 즉 아이를 때리면서 아이의 행동을 가르치는 것보다는 부모 자신의 화를 풀게 되는 경우가 많다는 것입니다. 그리고 처음에는 훈육을 위해서 가벼운 신체적 체벌을 하다가 점점 그 강도가 심해지고 가혹해지는 특성을 지니고 있다고 합니다. 더구나 학대를 당하는 아동은 심각한 정서적 갈등과 장애를 겪게 됩니다. 의존하고 사랑하는 부모에게서 학대를 당하면 더 이상 '세상은 안전하지 않다'고 느끼고 '나를 지켜주고 나를 편들어 줄 사람은 아무도 없다'고 생각하게 됩니다. 더구나 '나는 전혀 가치 없는 존재이다'라는 생각을 가지게 되어 자존감이 크게 위축됩니다. 전문가들에 의하면 아주 어린 유아기에 학대를 당하면, 이후의 신체, 언어, 인지, 사회성 발달이 지연되는 경우도 많다고 합니다. 유아기나 아동기의 신체적, 정서적 학대는 성인기의 성격과 정신건강에도 심각한 부정적인 영향을 줍니다. 그럼에도 불구하고 자기 자식을 아끼고 사랑하는 부모가 체벌을 하는 경우가 있습니다. 설사 체벌이 아이를 올바르게 훈육하려는 의도나 교육적인 목적으로 시행되었다고 하더라도 이는 엄연히 아동학대에 해당됩니다. [참고 자료 : 김효원 교수, 체벌, 훈육과 학대 사이. 서울아산병원 홈페이지]

아동학대를 막을 수 있는 사회시스템

아동학대는 아동 스스로의 힘으로 막거나 피할 수 없습니다. 가정에서 유아와 아동은 부모에게 절대적으로 의존하고 있고 학대 상황을 스스로 피하거나 막을 수 있는 힘도 없기 때문입니다.

사회적 인식 변화

특히 부모의 인식 전환이 필요합니다. '내 자녀를 위해서', '내 자녀를 사랑하기 때문에' 그런 행동을 한다는 것은 정당화될 수 없습니다. 자신의 마음과 충동을 깊이 살펴 이를 억제하는 힘을 길러야 할 것입니다. 특히 훈육이라는 이름으로 가해지는 체벌과 폭력을 묵인하고 방조하는 사회적 인식이 변화되어야 할 것입니다.

사회적 법적 제제

아동학대에 대한 법적 제제를 강화하여 법으로 아동을 보호해야할 필요도 있습니다. 그래서 2020년 잔혹한 아동학대 사건이 반복되자 '자녀체벌 금지법'을 만들어야 한다는 여론이 일어나고 이에 대한 논의와 논란이 진행 중에 있습니다. '자녀체벌금지법' 제정에 반대하는 사람들의 주장은 다음의 몇 가지입니다. 먼저, 아동이 명백한 잘못이나 범죄를 행하였을 때 체벌한 부모를 처벌하면 부모와 자녀 사이에 법적인 분쟁이 생겨서 더 큰 사회적 논란이 일어난다는 것입니다. 둘째로, 2015년 '아동복지법'에 아동학대를 금지하는 규정이 있음에도 불구하고 아동학대가 증가하고 있으므로 '자녀체벌금지법'의 실질적인 효과가 없다는 것입니다. 셋째로, 부모의 정당한(?) 체벌조차 금지하면 더 이상 자녀를 훈육하거나 통제할 방법이 없다는 주장입니다. 그리고 체벌을 정당화하는 종교적 경전의 명령에 따라 반대하는 이들도 있습니다. 이에 대해서는 거친 찬반 논란이 예상됩니다. 사회적 법규정으로 자녀 체벌을 금지하면, 훈육이라는 이름으로 아동학대를 정당화하고 폭력을 정당화해 온 사회적 인식에 큰 변화를 미칠 것으로 예상됩니다.

학대 신호를 발견하는 구조 시그널의 필요

아동학대 사건이 발생할 때마다 수많은 법규정이 새로 만들어지고, 처벌 규정이 강화되어도 아동학대는 반복되고 있습니다. 즉 법 규정과 학대아동을 위한 관리시스템이 실행된다 하더라도 피해 아동에 대한 따뜻한 관심을 가진 사람이 없다면 아무도 학대 사실을 알 수 없을 것입니다. 수많은 아동학대 사망사건의 경우, 단 한 사람의 어른이라도 관심을 가지고 아동을 관찰하거나 누군가가 신고를 했다면 학대의 고통이나 죽음이라는 비극을 막을 수 있었을 것입니다. 2020년 창녕에서 발생했던 아동학대 사건의 전모가 드러났던 것은 혼자 이상한 모습으로 길거리를 걷고 있는 피해 아동의 행색과 행동을 살피고 편의점으로 데려가서 음식을 사먹이고 경찰에 신고까지 해준 인근 주민 한 명의 관심 때문이었습니다. 아동이 학대 당하는 경우 단 한 사람만이라도 그 신호를 발견하고 개입을 하면 학대가 심화되는 것을 막거나 그치게 할 수 있습니다. 이웃, 친인척, 유아원이나 유치원의 선생, 학교의 교사, 병원의 의사와 간호사는 비교적 쉽게 학대의 신호나 흔적을 발견할 수 있는 위치에 있습니다.

아동보호장치

서구의 경우 자기 자녀를 구타하는 경우 이웃들이 즉각 신고하고, 경찰이 출동하고, 유아와 아동을 가해하는 부모로부터 격리하여 안전한 보호 기관이나 임시 보호자에게 맡긴다고 합니다. 우리 사회에서는 아직 그런 보호장치가 매우 부족합니다. 부모 외에는 달리 자녀를 돌보아줄 사람이 없다면 결국은 학대하는 부모 아래서 아동은 살아갈 수밖에 없게 됩니다. 따라서 사회적으로 피해아동보호 장치를 보다 정교하게 마련하여야 할 숙제가 우리 사회에 주어져 있습니다.

깊이 생각하기 : 생각할 질문과 토론 주제

 질문

Q1. 우리 사회에 아동학대 가해자에 대한 처벌 규정이 제대로 갖춰져 있다고 생각합니까?

Q2. 아동학대에 대한 피해 아동의 권리를 지켜줄 수 있는 보완되어야 할 법규를 제안한다면 무엇을 제안하고 싶은가요?

Q3. 아동학대 피해자가 성장했을 때 사회에 미칠 수 있는 부정적 영향은 무엇일까요?

Q4. 학대와 훈육의 기준이 무엇이라고 생각합니까? 이 둘을 구분하는 가장 뚜렷한 기준을 무엇으로 삼는 것이 가장 적절할까요?

Q5. '자녀체벌금지법'에 대한 찬성하나요? 반대하나요?
 – 먼저 찬성하는 입장에서 찬성하는 이유와 반대하는 입장을 반박하는 글을 적어보세요.
 – 그리고 반대하는 입장에서 반대하는 이유와 찬성하는 입장을 반박하는 글을 적어보세요.

 토론주제

〈토론1〉 "엄마도 엄마가 처음, 아빠도 아빠가 처음"이라는 부모의 말에 대해 어떻게 생각하나요?
 – 공감하는 이유
   어떤 새로운 일을 처음 접하는 도전에 대한 두려움과 육아를 처음 경험하는 부모의 두려움을 비교해서 생각을 나눠보자
 – 공감하지 못하는 이유
   그래도 부모는 부모다. 자기 입장에서만 생각한다.

〈토론2〉 "가정이 건강해야 그 사회가 건강하다"는 의견과 아동학대와의 연계성에 대해 토론해 봅시다.

더 깊은 학습을 위한 자료들

[책]

아동학대와 상처받은 뇌(치유되지 않는 상처). 도모다 아케미 저, 유수양 역. 군자출판사. 2016. 7. 1.

아빠가 미안해. 고주애, 소담주니어, 2020. 7. 1.

푸름아빠 거울육아. 최희수, 한국경제신문, 2020. 6. 3.

아동학대 예방&대처 가이드(폭력으로부터 아이들을 구하는 법). 이보람(변호사) 저, 푸른들녘. 2018 .7. 25.

[언론기사]

훈육과 학대는 종이 한 장 차이. 서천석, 한겨레신문, 2008. 2. 18.

아동 폭력, 훈육과 학대의 경계는?⋯ 아이 마음 다치면 '정서적 학대'. 김승모 기자, 뉴시스. 2018. 9. 18.

얼마나 맞아야 저렇게 잘할까"⋯ 아동 '체벌'과 '폭력'의 경계선. 서믿음 기자, 독서신문. 2020. 6. 17.

[논문]

아동학대 현황과 예방정책. 김은정, 보건복지포럼. 2016.

아동학대 및 방임이 아동발달에 미치는 영향. 김광혁, 사회과학논총. 2009.

바람직한 아동학대방지정책 마련을 위한 제언. 박혜진, 형사정책연구. 2016.

[영화]

어린 의뢰인(My First Client). 장규성 감독, 이동휘/유선/최명빈/이주원 주연, 2019. 5. 22.

미쓰 백(Miss Baek). 이지원 감독, 한지민/김시아/이희준/권수현, 2018. 10. 11.

아무도 모른다. 고레에다 히로카즈 감독, 야기라 유야/키타우라 아유/키무라 히에이, 2005. 4. 1.

가버나움. 나딘 라바퀴 감독, 자인 알 라피아/요르다노스 시프 로우/보루와티프 트레저 반콜, 2019. 1. 24.

_____

주제 10
공유경제

'공유'라는 말처럼 아름다운 말이 없다.
그런데 '공유경제'란 도대체 무엇일까?
인터넷을 하고 스마트폰을 사용하는 모든 사람이 공유경제에 연결되어 있다.
사실 공유경제를 둘러싸고 민감한 사회적 논쟁이 반복되었다.
그것은 우버 택시와 배달의민족(배민) 논쟁이다.
공유경제 논란을 제대로 이해하면 우리 사회의 경제구조가 보인다.
그래서 이 주제를 제대로 익히면
우리 사회의 경제적 흐름을 읽어내는 감각이 길러진다.
공유경제를 말하는 기업들이 왜 독점화되는 걸까?
진정한 공유경제란 무엇일까?
반대할 수도 없고, 그렇다고 마냥 방치할 수도 없는 공유경제,
가장 좋은 방향으로 흘러가는 길을 찾아보자.

관련주제 및 키워드

공유경제, 플랫폼 사업, 배달의민족,
플랫폼기업의 독점, 타다금지법, 독점 금지

글쓴이 · 김미원

숙명여자대학교 교육대학원 교육심리학 전공
학부모 및 학생을 대상으로 콕콕 짚는 강연 활동 중
현)한진연 입시전략연구소 교육이사, 수원센터장 / 유웨이 입시 컨설턴트
오내학교 학부모 상담 컨설턴트

공유인가 독점인가, 공유경제의 이름으로 키워지는 독점의 그림자

　여러분은 플랫폼 사업이나 공유경제에 대해 들어본 적이 있나요? 집에서 자장면 등의 배달음식이나 아이스크림, 디저트 등을 주문할 때 혹시 배달의민족이나 요기요 앱을 이용해 봤다면, 이미 여러분은 플랫폼 사업의 소비자입니다. 또, 뉴스에 많이 거론되는 우버나 에어비앤비, 또는 타다금지법에 대한 기사를 들어본 적이 있다면 벌써 여러분은 공유경제의 한 부분을 알고 있는 거예요. 먼저 공유경제나 플랫폼 사업이란 무엇인지 그 개념부터 알아봅시다.

공유경제

　공유경제(sharing economy)는 영어 '공유'(sharing, 나눔, 공유)라는 말과 경제(economy)의 합성어입니다. 한경 경제용어 사전에서는 '물품을 소유의 개념이 아닌 서로 대여해 주고 차용해 쓰는 개념으로 인식하여 경제활동을 하는 것을 뜻한다'로 정의하고 있습니다. [인용 출처 : 한경 경제 용어사전]

　'공유경제'라는 단어는 2008년 미국 하버드대 법대 로렌스 레식(Lawrence Lessig) 교수에 의해 처음 사용된 말입니다. 그는 공유경제를 '한번 생산된 제품을 여럿이 공유해 쓰는 협력소비를 기본으로 한 경제 방식'을 뜻하는 것으로 보았습니다. 이는 대량생산과 대량소비가 특징인 20세기 자본주의 경제에 대비되는 원리를 담고 있습니다. 특히 생산보다는 소비와 서비스를 공유한다는 특징이 있습니다. 즉 물품이나 생산설비나 서비스 등을 개인이 직접 소유할 필요 없이 서로 필요한 만큼 빌려 쓰고, 자신에게 필요 없는 경우 다른 사람에게 빌려주는 '공유소비'의 의미를 담고 있어요.

다시 말해서 공유경제는 한 번 생산된 제품을 여럿이 공유해서 쓰는 '협업 소비를 기본으로 한 경제'를 의미합니다. 쉽게 말해 '나눠 쓰기' 혹은 '함께 쓰기'란 뜻으로 이해할 수 있습니다. 자동차, 빈방, 책 등 활용도가 떨어지는 물건이나 부동산을 다른 사람들과 함께 공유함으로써 자원 활용을 극대화하는 경제 활동으로 소유자 입장에서는 효율을 높이고, 구매자는 싼 값에 이용할 수 있게 하는 소비형태인 셈입니다. [네이버 지식백과]

오래전부터 공유경제는 원래 가까운 친구나 이웃 사이에 이미 발견되는 경제개념이었어요. 즉 공유경제는 1) 교환은 이뤄지지만 2) 화폐는 쓰이지 않는 거래라는 뜻을 가졌습니다. 이런 거래를 촉진시키는 힘은 '공동체 의식', '유대감', '자기만족감' 등의 감정이었습니다. 여러분은 친구나 형제 자매끼리 같은 옷을 서로 빌려 입거나, 가방, 문구류 등을 교환한 경험이 있을 거예요. 내가 당장 필요하지 않은 물건을 주변사람에게 빌려 주거나, 또는 친구가 가진 여분의 것을 선물로 받는 것 등도 공유경제의 한 형식입니다. 이러한 경제개념을 로렌스 레식(Lawrence Lessig)은 '화폐를 매개로 하는 상업 경제'에 대비되는 개념으로 사용했어요. 이 공유경제는 점차 인터넷의 보편화로 디지털 공유경제로 넘어갔습니다.

그 결과 현재는 공유경제의 개념이 완전히 달라졌습니다. 공유경제를 상업화하는 기업이 등장하면서부터라고 할 수 있습니다. 스마트폰 등 모바일 플랫폼을 이용해 공급자와 사용자를 연결하는 중개 및 알선 서비스가 '공유경제'라는 개념으로 쓰이고 있는 것입니다. 아룬 순다라라잔 뉴욕대 교수는 "현재 사용되는 '공유경제'의 개념은 애초에 정립된 뜻과 차이가 있지만, 이미 새로운 뜻이 공유경제라는 용어를 지배하고 있다"고 말했습니다. [국민일보, 공유경제에 드리운 짙은 먹구름, 공유 아닌 '온라인 알선 서비스' 비판. 2018년 12월 12일]

이러한 흐름에서 순다라라잔 뉴욕대 교수는 공유경제란 다음의 특징을 가진다고 말했습니다.
1) 제품의 교환과 새로운 서비스의 등장을 가능하게 하는 시장을 창조하면서 경제활동

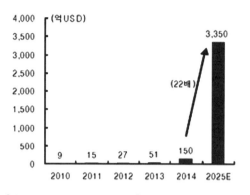

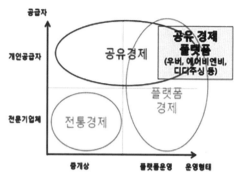

[자료 : PWC, KT경영경제연구소]   [자료 : KOTRA 재구성]

을 촉진시키며,

2) 자산, 기술, 시간 , 화폐 등 모든 자원이 효율적으로 사용될 기회를 제공하며,

3) 중앙집중적 조직이나 위계적 조직이 아닌 대중에 기반을 둔 네트워크에 의해 교환이 이루어지며,

4) 사적 일과 직업상 업무의 경계를 모호하게 하며,

5) 정규직과 임시직, 종속적 고용과 독립적 자영업, 일과 여가의 경계를 모호하게 만드는 특징을 가진다. [인용출처 : 〈4차산업혁명 시대의 공유경제:고용의 종말과 대중 자본주의 부상〉, 아룬 수다라라잔 , 교보문고. 2018]

이를 보아 '공유경제'란 긍정적인 차원이 많은 것이 사실입니다. '공유경제'는 인터넷 기술의 발달 이후 전 세계적으로 확산되었고, '공유경제'라는 말 역시 이러한 새로운 흐름의 가치를 잘 드러내 주고 있습니다.

플랫폼 사업에 대한 비판적 시선들

플랫폼(platform)이란 넓은 의미로 '공동의 작업틀'을 말합니다. 가령 네이버나 아마존이나 구글도 하나의 온라인 플랫폼이고 우리가 사용하는 여러 종류의 앱들도 플랫폼의 역할을 합니다. 그리고 어떤 단체나 개인들이 모여서 함께 연결되어 일하는 플랫폼 형식의 조직들도 많이 있습니다. 즉 모두가 참여하여 원하는 일을 자유롭게 할 수 있도록 열린 환경을 구축하여 플랫폼 참여자들 모두에게 새로운 가치와 혜택을 제공해줄 수 있는 시스템이라고 할 수 있습니다.

정보통신 기술이 급격히 발달하면서 플랫폼을 기반으로 사업을 하는 플랫폼사업들이 흥왕하고 있습니다. 플랫폼기업들은 자신들이 구축한 플랫폼 정보통신망을 매개로 놀라운 영향력을 지구촌에 행사하고 있습니다. 플랫폼기업들은 데이터, 노동, 차량, 물건 배달, 숙소, 서비스, 지식 등을 시장 거래품목으로 올려놓고, 이를 필요로 하는 소비자에게 인공지능 기술로 연결해주면서 이를 통해서 효과적 자원관리, 물류혁신과 유통혁명을 촉진합니다. 그리고 이러한 서비스는 그 기업들의 이윤 창출의 수단이 됩니다.

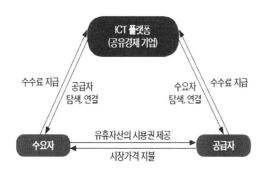

플랫폼 명	공유 자산	내용
우버	차량	운전기사와 승객을 연결, 2019년 말 기준 58개국에서 운영
디디추싱	차량	중국의 택시 호출 앱서비스, 중국 우버 합병하여 확고한 1위 차지
에어비엔비	주택	유휴 주택 공간을 공유, 2016년 기준 세계 191개국에서 숙박 시설 제공
위워크	사무실, 네트워크	물리적 공간인 사무실과 글로벌 네트워크 기반의 공동체를 공유

[자료 : KDI, 언론자료, 하나금융경영연구소]

그런데 언제부터인가 플랫폼사업들이 '공유경제'를 표방하기 시작했습니다. 우리 사회에서는 '공유경제'를 얘기할 때 대표적인 플랫폼 사업으로 우버, 디디추싱 같은 운송수단과 공간을 공유하는 에어비엔비와 위워크가 많이 거론됩니다. 내가 쓰지 않는 공간이나 차량을 다른 사람에게 공유하는 서비스는 필요도 하고 효율적인 면이 있어서 많은 소비자들이 환영하며 이용하고 있습니다. 그러면 이러한 공유경제를 표방하는 플랫폼 사업에는 좋은 점만 있을까요? 그간 많은 논란이 된 우버 택시를 중심으로 쟁점들을 살펴봅시다.

플랫폼 회사는 플랫폼만으로 돈을 버는 구조

플랫폼 사업은 플랫폼을 통해 연결 공간을 제공하는 것으로 막대한 수익을 얻습니다. 즉 현장에서 일하는 사람들과 소비자에게 사용료를 받아 돈을 법니다. 보통의 택시회사의 경우 택시운전사가 택시 회사의 근로자로 고용되어 일을 하게 됩니다. 그리고 우리가 내는 택시요금의 일부는 택시 회사가 차량을 구입하고 보험, 유지보수 등을 하는데 들어가게 됩니다.

하지만, 플랫폼사업인 우버 회사는 한 대의 자동차도 소유하지 않으면서 운송업을 할 수 있습니다. 우버 회사는 차량을 공유하고 운전을 직접 해줄 수 있는 우버 기사를 구하고, 우버 기사는 운전면허증만 있으면 쉽게 우버 회사와 계약을 맺고 바로 우버 승객을 태울 수 있어요. 대신 우버회사는 차량공유서비스 제공자에게 20% 이상의 중개료를 거둬들이고, 투자비용(차량), 보험비용과 유지보수비, 감가상각비 등 일체의 비용과 위험은 차량공유서비스에 가입한 개인운전자가 책임져야 합니다. 따라서 이러한 형태의 사업은 모든 비용과 위험을 외주화하여 서비스 제공자들에게 전가하는 것이라고 비판받았습니다. 어떻게 보면 우버 같은 차량공유 서비스 이용자들은 택시보다 다소 저렴하거나 적어도 편리한 서비스를 이용할 수도 있지만, 차량공유서비스 제공자들은 저임금 노동에 시달리거나 노동의 정당한 댓가를 얻지 못하게 될 수도 있습니다.

영국의 사례는 흥미롭습니다. 영국은 수도 런던에서만 4만 명의 우버 운전자들이 활동하고 있고, 우버 서비스를 이용하는 사람도 350만 명이나 된다고 합니다. 하지만 우버 운전자들이 연루된 성폭행 사건이나 우버 차량을 이용한 테러 등이 연달아 발생하며 안전성 문제가 지속적으로 제기되었습니다. 또한 2017년 11월에는 영국 사법부가 우버 운전자를 자영업자가 아닌 회사에 고용된 운전기사로 봐야 한다는 판결을 내렸다고 합니다. 우버와 운전자는 승객을 연결해주고 중개수수료를 받는 협력 관계가 아니라, 법정 휴가와 최저임금을 보장해줘야 하는 고용 관계라는 것이었습니다. 이에 대해 미국 뉴욕타임스는 '공식 계약을 하지 않고 노동자에게 의존하는 우버식 공유경제 모델이 흔들리고 있다'고 평가하기도 했답니다.

플랫폼 사업은 기형적인 수익모델이라는 비판

더 큰 문제는 플랫폼기업만 살찌는 기형적인 수익 모델이라는 지적입니다. 우버는 스마트폰 앱으로 운전자와 승객을 연결해주고 중개 수수료를 받지만 어느 나라에서도 세금을 내지 않고, 운전사들에게도 휴가 등 복리혜택이나 최저임금 보장 등을 일절 제공하지 않습니다. 우버 측은 정식으로 해당 나라에 사업등록을 하고 세금을 내고 복리후생을 제공하면 가격 경쟁력이 떨어져 그만큼 이용자들의 혜택이 줄어들 것이라고 주장하고 있습니다.

우버 회사 측은 호출 건수가 많을수록 우버 운전사들이 많은 돈을 벌 수 있다고 주장했습니다. 그런데 사실은 호출 건수가 많아질수록 더 많은 이득을 챙기는 건 우버 플랫폼 운영자들이고, 우버는 2018년 1분기(1~3월)에만 순매출이 전년 동기 대비 70퍼센트 늘어난 26억 달러(약 2조8000억 원)를 기록했다고 합니다. 이러한 방식의 수익모델은 일반적인 상품 생산과 판매를 통해 얻게되는 수익모델과 비교해서 지나치게 기형적이고 소수의 플랫폼기업만 살찌우는 기형적인 수익모델이라는 비판입니다.

개인정보 유출과 임의적 사용의 위험성

또한 정보통신사회에서 등장한 디지털 중앙 플랫폼을 이용한 방법으로 우버의 중앙 플랫폼에는 우버 기사들의 운행정보와 함께 고객들의 주문 정보가 고스란히 남게 됩니다. 여기엔 화물 유무, 승객 수 등에 따른 운전자 데이터뿐만 아니라 모든 승차에 관한 데이터를 수집하고 이렇게 수집된 데이터는 우버의 길찾기(routing) 알고리즘이 가장 효율적인 주행 경로를 작성하기 위한 교통량(traffic) 패턴에 사용되며, 수요 예측이나 승객에 가까운 운전자를 찾기 위한 알고리즘에도 사용됩니다. 이러한 정보는 기업의 입장에서는 매우 필요한 정보이지만 이런 정보들이 악용되거나 개인정보가 자신들이 모르는 다른 곳에 사용될 수도 있다는 우려를 낳고 있습니다.

정보 독점과 독점화 현상

공유경제에 대해 가장 불편한 시선은 플랫폼 사업자는 수많은 이용자들을 통해 새로운 정보를 입수하지만 그 정보는 결코 '공유'되지 않고, 해당 플랫폼기업에게만 '독점'된다는 점입니다. 즉 정보통신기술과 과학을 발전시킨 것은 모두가 함께 한 사회이지만, 그 결과물은 사회가 '공유'하는 것이 아니라 플랫폼기업에 의해 이윤 창출의 도구로 독점된다는 것입니다. 그 결과 독과점 현상이 점점 발생하여 플랫폼기업만이 거대한 기업이 되는 현상이 일어나는 것입니다. 노동의 사회적 결합, 그리고 이용자와 생산자 사이의 사회적 결합을 통해 더 진전된 서비스를 효과적으로 제공하며 생산능력을 발전시키는 사람들은 플랫폼 산업의 노동자들이지만, 그 결과물은 플랫폼 자본에 의해 독점되어 거대한 공롱기업이 되고 있다는 것입니다. [참고 : 구태언, '플랫폼기업만 살찌는 공유경제의 명과 암'. Korea IT Times. 2019.6.10]

'배달의민족' 논란, 공유경제의 그늘을 드러내다

우리나라에서는 대표적인 배달앱인 '배달의민족'과 관련하여 사회적 논란이 거세게 일어났습니다. '배달의민족' 논란은 플랫폼 사업에 의해 독과점 기업이 되면 어떤 문제가 발생하는지를 그대로 보여주었고, 정치권과 정부가 개입하여 정책적 대안을 모색하는 계기가 되었습니다.

배달 음식점 광고와 전단지를 보여주며 배달 음식 주문을 대행하는 배달의민족은 한국 내 점유율 1위의 배달 앱입니다. 예전에는 중국음식점과 같은 식당들은 주방이나 홀에서 일하는 직원 외에 오토바이로 배달만 전담하는 직원을 따로 두었답니다. 시간이 촉박하게 음식을 배달하는 배달원은 교통사고의 위험이 많았고, 혹시 교통사고라도 나면 치료비와 손해배상 등의 복잡한 문제가 발행하고, 그 직원이 병원에 입원해 있는 동안 바로 새 배달원을 구하지 못하면 주문 음식을 배달할 수 없어서 그 음식점의 손해는 매우 컸었지요.

하지만, 2011년 배달의민족은 주문도 받아주고 배달도 직접해주는 새로운 시장을 열었고, 이 회사는 다른 배달앱 회사들을 합병하기 전에 4조 7,500억원에 이르는 큰 기업이 되었습니다. 2019년 12월에는 배달 앱 2, 3위의 요기요를 합병하고, 이후 배달통을 운영하는 독일 딜리버리히어로에 매각되었는데, 이로써 한국 배달 앱 시장 점유율을 99% 이상을 확보하면서 사실상 독점 상태가 되었습니다. 이러한 인수합병은 사회적 논란을 일으켰습니다. 즉 독점 논란이 일어났습니다. 한겨레신문의 사설은 이에 대해 다음과 같이 언급했습니다. "배달의민족이 배달앱 서비스라는 새로운 시장을 개척하고 성장시킨 것은 부인할 수 없는 사실이다. 일종의 '혁신'이다. 혁신은 장려되어야 한다. 그러나 혁신을 했다고 독점까지 보장해줘야 한다는 논리는 성립되지 않는다. 게다가 현행 공정거래법은 일단 독점이 형성되면 사후에 이를 해소할 방법이 없다. 공정위가 기업결합 심사에서 독점의 폐해 가능성과 이를 막을 방안이 있는지 등을 엄격히 따져봐야 한다. 과도한 경제력 집중을 방지하고 공정하고 자유로운 경쟁을 촉진'하는 게 공정거래법의 기본 취지이다." [출처 : '배달의민족 기업결합', 독점 폐해 엄격히 따져야. 한겨레신문, 2020.1.6]

이후 2020년 배달의민족이 수수료 체계를 개편하며 또 한 번 논란의 중심에 서게 되었습니다. 배달의민족 서비스를 운영하는 우아한형제들은 4월 1일 새로운 요금체계가 적용되는 '오픈서비스'를 시작한다고 발표하면서 가입 업주들의 거센 반대에 부딪혔습니다. 그 핵심은 이 정책은 배달의민족의 주장처럼 소상공인에게 도움이 되지 않고 오히려 부담될 것이라는 주장이었습니다. 한 청와대 청원은 오픈 서비스 정책 탓에 광고비 부담이 높아질 것이며 이 때문에 가격을 올릴 수밖에 없을 것이라며 반대 의견을 냈는데 많은 사람들의 서명이 줄을 이었습니다. 소상공인연합회는 4월 3일 논평을 내고 "배달의민족이 수수료 제도를 정액제에서 정률제로 바꿨다"고 비판하였으며 "금액에 제한이 있는 정액제와 비교해 매출 규모에 따라 수수료가 기하급수로 증가하는 정률제는 소상공인들에게 큰 부담이 될 것"이라고 주장하였습니다. [참고 : 배달의민족 독점, 수수료 논란 3분 정리. BBC뉴스. 2020.4.6]

이렇게 요금체계를 일방적으로 개편하고 통지하는 일은 기업이 독점적인 힘이 있으므로 가능합니다. 논란이 격화되자 일부 지자체에서는 지역내 소상공인들이 무료로 이용할 수 있는 '공공배달앱' 개발을 선언하기도 했습니다. 이렇듯 사회적 논란이 심화되자 배달의민족은 요금체계 개편은 전면 취소하고 가입한 업주들과 대화하기 시작했습니다.

문제는 디지털 플랫폼 경제는 그 특성상 독점이 불가피하다는 점입니다. 데이터의 집중과 결합을 통해 얼마나 큰 효과가 창출되느냐는 전적으로 중앙 플랫폼에 연결되는 데이터망의 크기, 즉 접속자의 수에 달려 있습니다. 이 분야에서는 '쏠림효과'가 두드러지며, 사실 쏠림 현상을 일으키지 않고서는 사업적인 효과를 기대하기 어렵다는 것입니다. 즉 사용자들의 수가 적으면 그 효과는 거의 제로(Zero)가 됩니다. 그리고 이용자들의 편리성을 증대시키기 위해서도 한두 개의 앱이 시장을 장악할 필요가 생겨납니다. 그러므로 다른 앱 업체를 합병하여 거대 플랫폼으로 만들 수 밖에 없다는 것입니다. 그래서 디지털 플랫폼 산업에서는 승자는 결코 다수가 아니라 소수가 됩니다. 하나의 기업, 많아야 두세 개의 기업만이 승자가 될 수 있는 것이지요. 앞으로도 플랫폼기업의 독과점 현상은 불가피하다고 보는 전망이 우세합니다. 우리는 이러한 현상에 대해 어떻게 판단해야 할까요?

'공유경제' 어떻게 가능할까

공유경제의 가치는 모두가 동의한다

'공유'의 고상한 가치나 '공유경제'라는 말에 반대할 사람은 아무도 없을 것입니다. 개인주의로 치닫는 자본주의 사회에서 연결과 공유의 가치는 아무리 강조해도 지나치지 않습니다. 그리고 '공유경제'가 실현되면 모두에게 유익이 되는 사회가 될 것입니다. 그러나 그 '공유경제'가 플랫폼사업만을 지칭하고 이를 미화하는 용어로만 사용된다면 문제가 아닐까요? 공유의 정신을 기반으로 하는 다양한 방식의 작은 경제모델들도 가능하기 때문입니다.

소비자들은 플랫폼들을 통해 편리한 서비스를 받고 있다

플랫폼 사업이 주는 편리함과 새로운 서비스는 우리의 삶에 큰 영향을 미치고 있습니다. 소비자들은 자신들이 원하든 원치 않든 플랫폼기업들이 절대적 영향을 미치고 있는 이 사회망 속에 연결되어 살아가고 있습니다.

플랫폼기업들 '공유'와 '연결'을 기반으로 사업을 하고 있다

플랫폼기업이 말하는 '공유'는 이익의 공정한 공유나 정보의 공유를 뜻하지 않습니다. 그 사업에서 제공하는 서비스 방식이 인터넷을 기반으로 연결되고 있고, 누구든지 접근하고 이용할 수 있다는 점에서의 공유를 말합니다. 그러므로 플랫폼기업에서 말하는 '공유경제'는 하나의 사회적 이상으로서의 '공유경제'가 아니라, 공유경제를 표방하는 플랫폼 방식의 사업모델이라고 보아야 할 것입니다.

수많은 논란들이 있음에도 불구하고 '공유경제'가 그간 지배적이었던 시장 질서를 바꿀 혁신적인 경제 시스템이라는 점에는 이견이 없습니다. 그리고 곳곳에 흩어져 있는 자원들을 하나로 모아 적재적소에 효과적으로 배분하는 데 가장 최적화된 모델이라는 것도 틀림이 없습니다. 또한 앞으로 맞춤형 서비스에 대한 욕구가 높아질수록 IT 기술로 무장한 플랫폼 비지니스는 가장 효율적이면서 가장 저렴한 사업 모델이 될 것이란 전망에도 공감대가 높답니다.

정보독점과 수익독점 현상을 제어하는 대안이 필요하다

독점화 현상은 플랫폼기업에 대한 가장 날선 비판 중의 하나입니다. 하지만 플랫폼기업들로 인해 발생하는 문제점 때문에 '공유경제'의 가치 자체를 부정할 필요는 없을 것입니다. 오히려 '공유경제' 원래의 가치와 목적에 따라 모두에게 이익이 되는 대안적인 경제시스템으로 자리잡도록 노력하는 것이 바람직하지 않을까요? 독과점에 의한 피해가 발생하지 않도록 공정하고 자유로운 경쟁의 틀을 만들고 그 이익의 사회적 공유를 촉진하는 방법을 고민해야 할 것입니다. 이를 위해 소비자들인 시민들의 의견들이 공론화되어야 하고, 이와 함께 정부가 개입하여 독과점을 제어하고 기업의 이윤을 사회로 환원하는 지혜로운 시스템을 만들어가야 할 것입니다.

깊이 생각하기 : 생각할 질문과 토론 주제

 질문

Q1. 공유경제는 플랫폼 사업과 어떤 연관이 있을까요?

Q2. 공유경제의 좋은 효과는 무엇일까요?

Q3. 공유경제의 우려 요인은 어떤 것이 있을까요?

Q4. 타다금지법에 대해 한번 검색해서 생각해 보세요. 이를 둘러싼 쟁점들은 무엇이고, 과연 어떤 해결점이 필요할까요?

Q5. 공공기관에서 배달의민족과 같은 공공배달 앱을 개발한다면 어떤 효과와 문제점이 있을까요?

Q6. 만일 내가 '공유경제' 관련 비즈니스를 한다면 어떤 사업을 하고 싶은가요?

더 깊은 학습을 위한 자료들

[책]

4차산업 혁명시대의 공유경제: 고용의 종말과 대중 자본주의의 부상. 아룬 순다라라잔 저, 이은주 역.
　　교보문고. 2018.

초연결시대, 공유경제와 사물인터넷의 미래. 차두원 외. 한스미디어. 2015.

공유경제. 김대호. 커뮤니케이션 북. 2018.

공유경제 활성화를 통한 서비스업 성장전략. 산업연구원 저. 휴먼컬쳐아리랑. 2017.

공유경제의 시대. 로빈체이스 저. 이지민 역. 신밧드프레스. 2016.

국민공유경제론. 김종서 저. 한국학연구원. 2019.

조용한 마을의 공유경제 소동. 꼼지락 꼬물꼬물. 꼼지꼬물. 2020.

[언론기사]

'배달의민족–요기요' 기업결합 하면 독과점 횡포 우려"– 식품저널. 이지현. 2020. 4

플랫폼 비즈니스: 경계를 넘어 새로운 기회로, 하나금융경영연구소, 2018. 7.

공유 경제 플랫폼의 성장|작성자 MOT Consultant. 네이버 블로그.

플랫폼기업만 살찌는 공유경제의 명과 암– 구태언. Korea IT Times. 2019. 6.

디지털 공유경제와 플랫폼 자본주의 – 금민. Economy21. 2019년 5월호. pp. 44–50.

공유경제는 착한 경제인가? – 전영우의 미디어와 사회 (9), 통일뉴스.

공유경제의 우려요인. 기획재정부. 한국개발연구원.

공유경제에 드리운 짙은 먹구름. 공유 아닌 '온라인 알선 서비스' 비판. 국민일보: 2018. 12. 12.

[논문]

공유경제의 전망과 과제에 관한 탐색적 연구. 강병준외. 한국정책개발학회. 2013. 정책개발연구 Vol.13
　　No.1.

공유경제 유형에 따른 규제개혁 대응전략. 최유성, 안혁근. 한국행정연구원. 2018. 기본연구과제.
　　Vol.2018.

공유경제에 대한 정부규제의 필요성. 이성엽. 행정법이론실무학회. 2016. 행정법연구. Vol–No.44.

공유 플랫폼 경제로 가는 길. 김예지외. KCERN. 2018. 포럼보고서. Vol–No.43.

공유경제 과세문제에 대한 연구– 숙박공유업을 중심으로–. 신규환외. 서울시립대학교 법학연구소.
　　2018. 조세와법. Vol.11 No.2.

공유경제와 미래사회. 주강진 외. KCERN. 2016. 포럼보고서.

앞서 제시한 〈깊이 생각하기〉의 여러 질문과 토론 주제 중 1개를 정하여
'제목'을 만들고, 자신의 생각을 짧은 글로 써보십시오.

_____

주제 11
동물권과 동물학대

'동물의 권리'라고?
'인간의 권리'에 대해서 반대하는 사람은 아무도 없지만
동물의 권리를 말하면
펄쩍 뛰면서 반대하는 사람들이 많다는 건 알고 있니?
지금 동물을 학대하는 사건들이 이어지고 있고,
동물 실험이 합법적으로 이루어지고 있어.
이유가 무엇일까?
동물의 권리를 부인하는 사람들을 야만인으로 생각하고
동물실험을 하는 이 사회를 야만적 사회라고 비난한다고
모든 문제가 다 해결될까?
우리가 먼저 동물권을 알아야 해.
그리고 사람들을 설득해 낼 수 있어야 하지 않을까.

관련주제 및 키워드

반려동물, 동물권, 동물학대, 동물의 권리, 동물실험, 유기견,
동물입양, 길냥이 밥주기, 생명사상

글쓴이 · 박기철

한진연 입시전략연구소 대표 / 커리어넷 온라인상담 전문가단
굿모닝 충청, 에듀동아 교육칼럼기고 / 한양문인협회 시인 등단(2018)
비법의전수(고입,대입면접) 공저

동물권과 동물학대, 생명에 대한 감수성

언론에 종종 보도되고 있는 길냥이 학대, 강아지 학대 사건들은 많은 사람들의 공분을 사고 있습니다. 예전에도 이런 일이 많았겠지만, SNS의 발달로 이런 동물 학대 사진이나 영상들이 신속히 제보되어 뉴스 기사로 보도되고 급속히 전파되면서 사회적 논란을 낳고 있습니다. 특히 반려동물을 기르는 많은 사람들에게는 그런 사건은 정말 끔찍하게 느껴지게 됩니다. 우리 사회에서 반려 동물을 키우는 사람들은 결코 적지 않으며 점점 급증하고 있습니다. 이는 점점 늘어나고 있는 애완동물 관련 숍(Shop, 가게)이나 병원들을 통해 쉽게 알 수 있습니다. 그럼 우리 사회에서 '동물권'은 어떻게 논의되고 있으며 어느 수준까지 왔는지, 그리고 어떻게 개선되어야 할지를 함께 생각해 봅시다.

동물의 권리에 대한 시각의 차이, 소유물인가 반려동물인가

현재 우리나라에서 반려동물을 키우는 가정의 수는 대략 335만여 세대로 총 가구 수의 17.4%에 해당됩니다. [출처: 2010년 '동물보호에 대한 국민의식 조사보고서'] 이는 전국민의 20%에 가까운 상당한 비율을 차지하고 있는 만큼 반려동물에 대한 관심이 높아지고 그에 따른 서비스와 의료 산업들이 많이 등장하고 있는 흐름입니다. 특히 반려견을 키우기 위한 교육을 담고 있는 프로그램이 텔레비전에서 큰 인기를 얻고 있습니다. 그 프로그램을 보면 반려동물의 주인들 대다수는 그 동물과 교감하며 사는 것을 좋아하지만 정작 동물들의 행동 특성을 잘 몰라서 실수를 하는 경우가 많은데 이것을 훈육사가 교정해 주고 있습니다. 즉 반려동물을 좋아하기는 하지만 반려동물과 함께 살아가는 방법을 잘 모르는 것입니다. 이는 우리 사회가 반려동물들은 많아지지만 반려동물 주인에 대한 교육은 크게 미흡하다는 것을 드러내고 있습니다.

어떤 이들은 반려동물에 대한 불편한 심기를 드러냅니다. 먹고 살기도 힘든데 동물에게 까지 저렇게 호화스런 생활을 보장해 주고 염색 등의 미용도 하거나 예방주사를 맞추는 등의 의료행위에 큰 돈을 써야 하느냐는 식으로 비판을 합니다. 이는 인간의 행복에 대한 이해가 부족하고 다른 사람의 라이프 스타일을 존중하지 않는 태도라고 할 수 있습니다. 가족의 형태가 핵가족화 되어가고 싱글족이 많아지면서 반려동물을 찾는 이들이 많아지는 것은 자연스러운 현상입니다. 대면 접촉보다는 비대면 접촉과 SNS활동을 즐기는 젊은층에게는 반려동물의 존재가 주는 의미는 아주 크다고 합니다.

반려동물은 단지 주인의 소유물일까요? 아니면 삶을 함께 살아가는 동반자적 존재일까요? 반려동물이 다른 물건이나 상품처럼 마음대로 소비하고 언제든 버릴 수 있는 것이라면 반려동물을 소유물로 생각하고 있다고 할 수 있습니다. 하지만 자신의 삶을 함께 나누는 대상이자 가족의 하나로 생각할 경우 전혀 다른 태도로 반려동물을 대할 것입니다. 즉 소유물이냐 아니면 반려동물이냐에 따라 동물을 대하는 태도가 크게 갈라집니다. 그리고 동물의 생명권이나 권리를 소중히 여기는 관점을 가지게 되면 동물을 둘러싼 태도를 전혀 다르게 가지게 됩니다. 이러한 생각의 차이에서 동물권 보호, 동물실험 반대, 동물 성대수술 반대, 동물 중성화 반대, 동물묘지 등의 주장을 하게 되는 것입니다. 우리 역시 자신의 생각과 태도를 분명히 할 때 이러한 문제들에 대해 일관된 입장을 가질 수 있을겁니다.

> **반려동물** : 사람이 정서적으로 의지하고자 가까이 두고 기르는 동물. 개, 고양이, 새 따위가 있다.
> [출처: 표준국어대사전]

법적인 보호와 함께 중요한 의식 개선, 소유의식에서 반려의식으로

우리나라에서 동물권을 헌법에 명시하자는 운동을 펼치는 〈바꿈, 세상을 바꾸는 꿈〉 홈페이지에 실린 글을 일부 인용하였으니 읽어 보세요.

2014~15년 길고양이를 무려 600마리나 불법포획해 산 채로 끓는 물에 넣는 등 죽인 후, 건강원에 판매한 자에 대한 처벌은 고작 징역 10월, 집행유예 2년, 사회봉사 80시간 이었습니다. 즉 실형 선고가 아닌 셈입니다. 이웃의 반려견을 훔쳐 잡아먹은 자에 대한 처벌 역시 점유이탈물 횡령죄만 적용되었습니다. 즉 차량운전자는 30만원의 벌금, 취식자 3명은 각각 50만원씩 벌금으로 약식기소 되었습니다.

이처럼 우리나라 동물에 대한 인식은 매우 낮은 편입니다. 현재 우리나라 축산업의 99%는 공장식 축산으로 점철되어 있습니다. 대표적으로 2017년 1/4분기 기준으로 육계와 산란계를 합친 닭은 무려 약 1억 3,000만 마리나 살고 있는데 대부분은 A4용지 보다 작은 닭장 안에 평생을 갇혀 살고 있습니다. 이러한 공장식 축산은 가축 전염병에 매우 취약합니다. 2,000년 이후 구제역과 조류독감 때문에 살처분된 가축의 누적 수는 총 8천만 마리가 넘습니다. 문제는 살처분된 가축 대부분은 감염 여부와 무관하게 살처분 되었다는 것입니다. 이 뿐만 아니라 동물실험으로 연간 최소 287만 마리의 동물이 희생되고 있습니다.

헌법에 '동물권'을 명시해야 하는 이유는 분명합니다. 동물을 물건이 아닌 생명의 주체로 대하고, 인간에 국한된 권리 주체 개념을 확장하고, 동물보호가 안되는 현행 법률의 한계를 극복하기 위해서 꼭 필요합니다.

이 단체는 동물의 권리에 대해 헌법이 명시하여 보호해야 한다고 주장합니다. 아직 우리 사회에서 동물권에 대한 인식은 부족한 상태이며, 동물의 권리를 보호하는 법적 장치는 미약한 수준입니다. 그간 동물 학대를 금지하고 이를 방지하고 동물을 잔혹한 방식으로 함부로 도축을 하지 못하도록 실정법을 통해 어느정도 동물 학대를 막고 있습니다.

동물 학대는 법을 통해서 어느 정도 제재하거나 처벌할 수 있습니다. 그러나 그러한 일이 일어나지 않도록 하는 일이 더 중요합니다. 이를 위해서는 반려동물 주인과 일반인들 모두가 동물에 대한 소유 의식에서 반려 의식으로 전환이 필요하다고 봅니다.

동물학대

동물학대(動物虐待, 영어: cruelty to animals, animal abuse, animal neglect)란 자기방어나 생존이 아닌 이유로 사람을 제외한 모든 동물에게 고통을 가하는 것을 말한다. 일반적으로 재미나 고기, 모피, 돈을 얻기 위해 학대하는 경우가 많다. 드물게는 화풀이를 하기 위해 학대하는 경우도 있다. 주로 어딘가에 가둬 놓거나, 때리거나, 방치하거나, 자신의 이익을 위한 강제적인 수술도 한다. [출처 : 위키백과, 우리 모두의 백과사전]

동물권

동물권(動物權, 영어 : animal rights)은 사람이 아닌 동물 역시 인권에 비견되는 생명권을 지니며 고통을 피하고 학대 당하지 않을 권리 등을 지니고 있다는 견해이다. 동물권에 대한 인식을 가지고 그것의 증진을 위해 노력하는 사람들이 각각의 이견과 다른 접근 방식을 가지고 있으면서 끊임없이 논의하지만 동물이 하나의 돈의 가치로서, 음식으로서, 옷의 재료로서, 실험 도구로서, 오락을 위한 수단으로서 쓰여서는 안 되며, 동시에 인간처럼 지구상에 존재하는 하나의 개체로서 받아들여져야 한다는 것이 광범위하면서 공통적인 견해이다. 동물권 옹호론은 동물 자체의 권익을 주장한다는 점에서 동물 보호나 자연 보호와는 다른 개념으로 보기도 한다. 동물권 옹호론자들은 채식주의 역시 강하게 지지하는 편이다. [출처 : 위키백과, 우리 모두의 백과사전]

반려동물 보호를 위한 법률 등장

동물학대를 막는 것과 함께 중요한 것은 동물의 권리를 보호하고 이를 보장하는 정책을 적극적으로 시행하는 것입니다. 다행스럽게도 정부는 2019년 7월에 동물보호와 복지를 위해 동물복지 5개년(2020~2024년) 종합계획을 수립해 추진한다고 밝혔습니다. 이 계획을 간단하게 요약하면 다음과 같습니다.

농림축산식품부의 6대 분야 21대 과제 : 1) 동물 소유자 인식 개선, 2) 반려동물 관련 산업 개선, 3) 유기 · 피학대 동물 보호, 4) 농장동물의 복지 개선, 5) 동물실험의 3R 원칙 구현, 6) 동물복지 거버넌스(governance) 강화.

그 내용 중 몇몇을 살펴보면 동물의 권리에 대한 인식과 정책의 흐름을 잘 알 수 있습니다. 우선 동물소유자 인식을 개선하고자 반려견 소유자를 대상으로 하는 사육방법 등 의무교육프로그램이 도입됩니다. 이것은 상당히 환영할 만한 일입니다. 반려동물 소유자 4명 중 3명이 이것의 필요성을 느낀다고 답할 정도였습니다. 배변훈련이나 기본적인 공감 방법을 몰라서 힘들었던 반려동물 주인들이 상당히 좋아할 일입니다.

동물등록제 활성화 방안을 추진한다고 합니다. 해당 동물의 대상 월령을 3개월에서 2개월로 변경했습니다. 대상 월령을 낮게 되면 더 이상 어린 동물들을 유기하는 사례가 줄어들 것으로 판단됩니다.

그리고 유기, 피학대 동물보호 강화를 위해 여러 조치를 합니다. 그간 우리 사회에 큰 문제로 지적되었던 사설동물보호소 시설을 신고제로 전환하였습니다. 그간 사설동물보호소가 난립하였습니다. 단지 돈을 벌기 위해 집 없는 동물들을 마구잡이로 포획하고 판매하여 수익을 올렸던 사설동물보호소가 이제는 적격한 기준과 시설을 갖추도록 하였습니다. 또한 사설동물보호소 운영자에게 유실·유기동물을 발견하면 지방자치단체에 신고하고 인도할 의무를 부과하는 것입니다.

소유자가 불가피한 사유로 더 이상 반려동물을 돌보지 못할 경우에는 지자체가 인수할 수 있도록 하는 '동물인수제도'의 도입도 논의되고 있습니다. 즉 소유자가 군대나 교도소에 가는 경우, 부상으로 치료가 필요한 경우 등에는 그 동물이 방치되거나 위험에 처해질 수도 있기 때문입니다. 그래서 누구든 지자체에 믿고서 맡기도록 하는 제도입니다. 이는 각 지방자치체의 인력 수급과 재정 마련이 필요한 부분입니다.

이러한 시도들은 이제 우리 사회에서 동물에 대한 인식의 변화가 얼마나 크게 바뀌었는지를 충분히 드러내 주고 있습니다. [출처:반려동물 소유자 의무교육 실시…사설동물보호시설 신고제로. 이병욱, 애니멀라이츠. 2019.7.3]

> **거버넌스(governance)** : 주어진 목표를 달성하기 위해 관련된 모든 이해 당사자들이 함께 의논하고 협력하여 활동을 수행하는 체계를 말한다. 주로 정부나 행정 당국과 민간 영역의 협력 형태로 진행된다. 그래서 민관협력(행정기관과 시민단체/기업과 같은 민간주체의 협력), 민관학 협력(민간 기구와 행정기관과 학교의 협력) 등의 체계를 구성하여 사업을 진행한다. 최근에는 행정을 '거버넌스'의 개념으로 보는 견해가 확산되어 가고 있다.

동물실험에 대한 논쟁 : 찬성과 반대 그리고 대안 찾기

동물권과 관련하여 민감하게 논쟁이 일어나는 영역이 하나 더 있습니다. 이는 동물 실험에 대한 것입니다. 동물실험은 동물을 사용하여 의학적인 실험을 행하여 생명현상을 연구하는 것을 말합니다. 주로 새로운 의학기술이 개발되거나 약품을 생산할 때 그 효과나

안정성을 측정하기 위해 온갖 종류의 동물들을 실험대상으로 사용하는 것입니다. 이에 대해 찬성과 반대의 입장이 팽팽하게 맞서고 있습니다.

쟁점 알기

불치환자에게 있어서 장기 이식은 다른 대안이 없을 정도로 중요하고 생명을 다루는 수술입니다. 이를 위해 사람의 장기나 세포를 동물에게 이식해서 그 동물을 치료나 연구에 사용하는 의료기술이 있습니다. 이는 인류에게 유익하고 불가피한 과정이라고 보는 입장이 있습니다. 반대로 이는 사실상 효과도 없으며 동물들을 잔인한 방식으로 실험용으로 죽이는 비윤리적인 행위라는 비판도 있습니다. 동물실험에 대해서 찬성과 반대 의견이 팽팽히 맞서고 있습니다. 다음과 같은 논제에서 그 쟁점이 잘 드러납니다. '인간의 행복을 위해 동물의 생명을 앗아 가는 것이 과연 윤리적으로 정당한가?' 그리고, '과연 그런 동물실험이 과연 인간에게 실제로 잘 적용이 되고 있는가?' 여러분은 어떻게 생각하나요?

동물실험에 대한 논쟁에서 우리가 눈 여겨 볼 것은 인간의 행복과 동물의 행복을 같은 동급으로 보아야 하느냐는 것입니다. 동물의 권리를 인정하는 입장에 있어서도 과연 어느 정도까지 그 권리를 인정해 주어야 할 것인가?에 대해서는 의견이 분분합니다. 동물 실험을 적극적으로 반대하는 입장에서는 동물의 생명과 인간의 생명을 서로 비교하는 것을 인정하지 않고 양자는 동일한 생명의 권리를 지니고 있다는 인상을 주고 있습니다.

하지만 이러한 논쟁을 통하여 동물권에 대한 인식이 상당히 확장되어 가고 있음을 엿볼 수 있습니다. 그 결과 동물실험에 대한 다수의 의견 즉 사회적으로 합의에 가까운 입장은 다음과 같습니다. '동물실험을 어쩔 수 없이 허용하되 동물실험의 윤리적 기준에 따라서 한다.' 모두가 동의하는 완전한 대안은 아니지만, 적절한 윤리적 기준을 세워 동물실험을 제한적으로 허용한다는 것입니다.

동물실험 제한 및 지침에 대한 법규정

국내법은 동물보호법에서 동물 실험에 관련하여 다음과 같이 기준을 제시하고 있습니다.

동물보호법
- 동물실험은 인류의 복지 증진과 동물 생명의 존엄성을 고려하여 실시하여야 한다(제23조 제1항).
- 동물실험을 하려는 경우에는 이를 대체할 수 있는 방법을 우선적으로 고려하여야 한다(제2항).
- 동물실험은 실험에 사용하는 동물('실험동물')의 윤리적 취급과 과학적 사용에 관한 지식과 경험을 보유한 자가 시행하여야 하며 필요한 최소한의 동물을 사용하여야 한다(제3항).
- 실험동물의 고통이 수반되는 실험은 감각능력이 낮은 동물을 사용하고 진통 · 진정 · 마취제의 사용 등 수의학적 방법에 따라 고통을 덜어주기 위한 적절한 조치를 하여야 한다(제4항).
- 동물실험을 한 자는 그 실험이 끝난 후 지체없이 해당 동물을 검사하여야 하며, 검사 결과 해당 동물이 회복될 수 없거나 지속적으로 고통을 받으며 살아야 할 것으로 인정되는 경우에는 가능하면 빨리 고통을 주지 아니하는 방법으로 처리하여야 한다(제5항).

누구든지 다음 각 호의 동물실험을 하여서는 안 된다(제24조 본문).
- 유실 · 유기동물(보호조치 중인 동물을 포함한다)을 대상으로 하는 실험
- 「장애인복지법」 제40조에 따른 장애인 보조견 등 사람이나 국가를 위하여 사역(使役)하고 있거나 사역한 동물로서 대통령령으로 정하는 동물을 대상으로 하는 실험
- 다만, 해당 동물종(種)의 건강, 질병관리연구 등 농림축산식품부령으로 정하는 불가피한 사유로 농림축산식품부령으로 정하는 바에 따라 승인을 받은 경우에는 그러하지 아니하다(24조 단서).

실험동물 입양 프로젝트

보통 실험동물은 실험이 마쳐진 후에는 안락사를 시키는 경우가 다반사였습니다. 왜냐하면 실험과정에서 독성물질에 노출되거나 심각한 고통을 받게 되는 실험인 경우에는 실험동물의 고통과 스트레스가 극심하기 때문입니다. 그래서 고통을 줄이기 위해 실험동물들을 안락사시켰습니다. 하지만 단순 약물 반응이나 상비약 효능 실험과 같은 낮은 수준의 실험에 이용된 실험동물까지 안락사를 시킨다는 것은 너무 심하다는 목소리가 터져 나왔습니다.

그래서 일부 동물보호 단체를 중심으로 '실험 동물 입양 프로젝트'가 시행 되고 있습니다. 이러한 단체들의 활동을 통해 실험동물들이 죽음에 내몰리지 않고 보호를 받게 되는 일이 점점 많아지고 있습니다. 하지만 동물실험 자체를 막아내거나, 실험에 사용된 동물

모두의 생명을 지키는 수준에 이르기에는 역부족입니다. 이러한 동물권 보호를 위한 활동이나 사회적 논의는 동물의 권리에 대한 시민들의 인식을 전화시키고, 앞으로 동물권 보호를 위한 노력들이나 정책들을 크게 진전시키는 힘이 될 것으로 예상합니다.

깊이 생각하기 : 생각할 질문과 토론 주제

 질문

Q1. 여러분 부모님께서 "휴가 중에 강아지에게 먹을 것을 마련해 주고 집에 두고 가자" 하시면 어떻게 하시겠습니까? 무슨 말과 논거로 그분들을 설득하겠습니까?

Q2. 여러분은 이웃이 기르고 있는 강아지나 고양이의 소음 때문에 힘든 적은 없었나요? 그런 경우 아파트 주민들이 '반려동물의 성대제거 수술을 해야 한다'고 의견을 내는 것에 대해 어떻게 생각하시나요?

Q3. 강아지나 고양이의 털이 아이들의 기관지나 알러지 비염에 좋지 않다고 하는 이야기를 들어 보셨나요? 반려동물에 관해 들은 것들이 있다면 어떤 것들이 있는지 알아보고 그런 말의 진실을 알아보도록 합시다.

Q4. 여러분은 강아지나 고양이를 키우고 있나요? 만일 반려동물이 생을 마감한다면 어떻게 처리해야 하는지 알고 있는지요?

 토론주제

1. 동물 실험에 대한 아래 질문을 읽어 보시고 본인의 의견을 각각 말해 보세요.
   1) 동물 실험은 인간의 행복과 건강을 위해 절대적으로 필요한 것이다.
   2) 실험 동물은 혹시나 모를 병원균에 감염될 수도 있으므로 입양해서는 안 된다.
   3) 동물을 사랑한다면 육식은 하지 말아야 한다.

2. 반려동물을 기르는 주인들의 아래 행동에 대해서 본인의 의견을 말해 보세요.
   1) "우리 개는 절대 물지 않으니까 걱정마세요." 라면서 목줄을 하지 않는 반려견 주인
   2) 우리 고양이는 족보있는 명품 고양이니까 조심스럽게 만지라는 반려묘 주인

3. 주인 없는 고양이 일명 길냥이들이 너무 많아져서 시끄럽고 무리지어 다니는 일이 생겨나고 있습니다. 아래에서 당신의 의견은 어느 입장입니까?
   1) 당연히 죽여야 한다. 그냥 내버려 두면 너무나 많은 개체수가 생겨나기 때문이다.
   2) 길냥이든 반려묘이든 모두 동물이므로 우리가 보호하고 키워야 한다.

더 깊은 학습을 위한 자료들

[책]

내 멋대로 반려동물 뽑기. 최은옥, 주니어 김영사. 2020. 4.

개와 고양이를 위한 반려동물 영양학. 왕태미, 어니스트북스. 2018. 2.

동물실험 길잡이. 한국실험동물학회 인증위원회, OKVET. 2015. 2.

동물실험 윤리. 권복규,최훈 외 3명, 로도스. 2014. 8.

동물실험 관련 국내 법령,제도등에 관한 종합 안내서. 식품의약품안전처, 진한엠앤비.2018. 6.

[언론기사]

솜방망이 처벌에 동물학대 계속...'토순이 사건'으로 거센 비판. 연합뉴스 2019. 11. 3.

사지 말고 입양하세요..깐깐한 심사를 거쳐. 한겨레신문 2014. 2. 28.

반려동물 소유자 의무교육 실시…사설동물보호시설 신고제로. 이병욱, 애니멀라이츠. 2019. 7. 3.

반려동물, 분양 아닌 입양해야 하는 이유. 신수경 변호사 칼럼,자료실. 2018. 5. 26.

동물의 권리, 사람과 동등할까. 격월간 민들레 다큐멘터리 〈철장을 읽고〉. 성상민 문화평론가. 2017. 5. 6.

[논문]

2018년 검역본부 동물실험윤리위원회 운영 및 동물실험 실태조사 결과. 문지영, [APQA]아름드리.
     2019.

갑상선 수술 중 신경 감시에 대한 동물실험. 권오은, 은영규, 임상이비인후과. 2018.

영장류를 이용한 동물실험 방법 소개. 이필수, 한국실험동물학회한국실험동물학회 학술발표대회 논문
     집. 2017. 2.

반려동물 모니터링을 위한 YOLO 기반의 이동식 시스템 설계. 이민혜, 강준영, 임순자. 한국정보통신학
     회논문지. 2020. 1.

직장인 1인 가구를 위한 반려동물 공동돌봄 서비스디자인 연구. 오보영, 한국디자인문화학회지. 2018.
     12.

[영화]

에이트 빌로우. 프랭크마샬 감독. 폴 워커 주연. 2006. 4.

베일리 어게인. 라세 할스트롬 감독. 조시 게드,데니스 퀘이드 주연. 2018. 11.

내 어깨위 고양이, 밥. 로저 스모티스우드 감독. 루크 트레더웨이 주연. 2017.

마이 펫의 이중생활. 크리스 리노드 감독. 패튼 오스왈트/ 케빈 하트/제니 슬레이트 외3명 주연. 애니메
     이션. 2019. 7.

_____

주제 12
1인 미디어와 가짜뉴스

한때 초등학생들 사이에 연예인이 장래희망 1순위였다.
요즘은 장래희망 1위가 크리에이터로 바뀌었다.
1인 미디어 크리에이터 전성시대.
직접 촬영한 영상을 올려 방송까지 한다면 얼마나 멋있을까?
그런데 1인 미디어가 사회적 비판을 받기도 하고
거센 논란의 중심에 서기도 한다.
그건 1인 미디어를 통해 가짜뉴스가 만들어지는 경우가 많아서이다.
왜 가짜뉴스라고 하는 것일까?
누구에게 표현의 자유가 있고, 자기 생각을 말할 수 있는데
가짜뉴스를 제한하려는 움직임조차 일어났지.
1인 미디어와 가짜뉴스 논란, 제대로 알아보자.
혹시 나도 1인 미디어를 운영할 수도 있으니까

관련주제 및 키워드

가짜뉴스, 표현의 자유, 1인 미디어 시대, 언론의 책임,
시민의 알 권리, 뉴스 리터러시

글쓴이 · 최원용

한진연 입시전략 연구소 수지 센터장 / 유웨이 수능 국어 분석 자문 위원
수원시 학원 자율 정화 위원 / 더 국어 논술 학원 원장 / 꿈틀. 이투스북 검토진

1인 미디어 시대, 가짜뉴스가 진짜뉴스를 위협한다

최근 코로나19의 확산으로 사람들의 야외 활동이 줄고 실내에 머무르는 시간이 증가함에 따라 스마트폰 사용량이 급격히 증가하고 있습니다. 이에 따라 네이버, 구글(유튜브), 아마존(트위치), 페이스북 등 온라인 플랫폼 관련 기업의 주가가 오르고 있고 이들 온라인 플랫폼을 통한 1인 미디어는 전성기를 맞이하고 있습니다. 하지만 1인 미디어를 통해 생산되는 여러 정보들이 가짜뉴스라는 논란이 끊이지 않고 있으며 가짜뉴스 논란은 모든 시민을 불편하게 하는 사회적 이슈가 되고 있습니다. 이에 대해서 함께 살펴보며 생각해 봅시다.

1인 미디어와 가짜뉴스 현상

대중화된 1인 미디어

2000년 초반까지 1인 미디어는 개인 홈페이지나 블로그를 통해 사진과 글을 매개로 자신의 생각을 표현하는 방식으로 이루어졌습니다. 그러나 2005년 유튜브의 등장, 2006년 아프리카TV의 오픈 등으로 동영상이 1인 미디어의 보편적 콘텐츠가 되게 했습니다. 또한 2010년 이후 전개된 스마트폰의 대중화 및 4G의 상용화는 동영상 기반의 UCC(User Created Contents)를 앱으로 즐길 수 있게 해주었습니다. 이러한 기술적 진보와 플랫폼의 발달은 1인 미디어가 대중화 되게 했습니다.

그 결과 2020년 현재 유튜브로 대표되는 온라인 플랫폼은 기존 방송의 영역을 대신하기 시작했고, 이미 광고 시장은 PC나 모바일 광고가 전체 광고 시장의 50%에 육박하고 있습니다. 이러한 성장 속에 고수익을 얻는 유명 크리에이터들의 방송 출연도 이루어지고 있습니다. 뿐만 아니라 이제는 역으로 기존 방송인들이 유튜브를 통해 활동하는 일도 많아지고 있습니다. 이처럼 1인 미디어가 대중화되어 가며 콘텐츠 또한 게임 중계, 먹방, 뷰티를 넘어 정치, 경제, 과학 등 다양한 영역으로 확대되어가고 있습니다.

가짜뉴스 논란의 중심에 선 1인 미디어

이런 흐름 가운데 1인 미디어의 초기의 문제점으로 지적되었던 욕설이나 선정적 행위 이외에 또 다른 문제가 발생하고 있습니다. 그것은 바로 가짜뉴스입니다. 몇 년 전만 해도 증권사 찌라시의 단톡방 퍼나르기, 네이버 댓글 조작 등이 가짜뉴스 확산의 큰 줄기였다면 이제는 1인 미디어가 그 위치를 대신하고 있습니다. 특히 조회수가 곧 돈이 되는 유튜브의 경우, 사람들의 관심을 끌 수 있는 자극적인 제목과 극단적인 편 가르기를 하면서 가짜뉴스를 무비판적으로 전달하고 있습니다.

인류의 역사와 함께 한 가짜뉴스

가짜 뉴스라는 말은 어떻게 생겨났나?

가짜뉴스라는 명칭의 유래는 "거짓말하는 언론"이라는 뜻을 지닌 독일어 신조어인 'Lügenpresse'로 보고 있습니다. 이 용어는 19세기에 만들어졌는데 1920년대 독일 국가사회주의 독일 노동자당(나치당)이 자신들과 이념적으로 맞지 않는 언론을 지칭하기 위해 즐겨 사용하면서 일반 명사화 되었습니다. 이후 미국 45대 대통령인 도널드 트럼프가 자신에게 불리한 언론의 일부 보도를 가짜뉴스라고 주장하면서 일반인에게도 익숙한 용어가 되었습니다. 가짜뉴스는 그 용어의 유래가 정치권력과 매우 밀접하다는 점을 알 수 있습니다.

가짜뉴스는 단순한 거짓말이 아닌 언론보도의 형식을 띤 거짓말

넓은 의미에서 가짜뉴스는 "사실이 아닌 거짓을 사실이라고 주장하는 뉴스"라고 볼 수 있습니다. 이렇게 본다면 언론사의 오보나 날조, 인터넷 루머, 패러디 등을 포괄하는 개념이라고 할 수 있습니다. 이런 광의의 가짜뉴스는 우리들이 말하는 거짓말이나 그릇된 정보 등을 다 포함하게 됩니다. 그러므로 가짜 정보, 가짜 뉴스는 우리 인간의 커뮤니케이션의 역사만큼 긴 역사를 가지고 있다고 할 수 있습니다. 우리가 국어 수업 시간에 배운 서동요 역시 가짜뉴스의 일종이며, 1923년 관동대지진 당시 조선인에 대한 악의적인 허위 정보 역시 마찬가지입니다. 최근에는 코로나19와 관련된 여러 가짜 정보들과 민감한 정치적 사건마다 조작된 정보들이 넘쳐나고 있습니다.

좁은 의미에서 가짜뉴스를 사전적 의미로 해석한다면 "언론 보도의 형식을 띠고 마치 사실인 것처럼 유포되는 거짓 뉴스"라고 정의할 수 있습니다. 특히 언론 보도의 형식을 띤다는 점에서 과거의 가짜뉴스와 차이가 있습니다. 이를 활용해 특정 세력이 정치, 경제적 이득을 얻기 위한 의도로 뉴스가 아닌 것을 뉴스의 형식으로 퍼뜨리고 있는 것입니다. 또한 SNS를 통하여 그 전파 속도나 범위가 매우 빠르고 넓습니다. 그래서 한 번 전파되기 시작하면 그 파급력이 과거와는 비교할 수 없습니다. 미국 매사추세츠 공대 연구진이 '사이언스'에 발표한 내용에 따르면 2006년~2017년 사이 트위터상에서 가짜뉴스는 진짜뉴스보다 70%가량 더 리트윗되었고 가짜뉴스의 전파속도는 최대 20배 가량 빨랐다고 합니다.

가짜뉴스의 유형을 알면 가짜가 보인다

가짜뉴스 혹은 가짜정보의 유형에 대한 논의를 살펴보면 우리는 가짜뉴스의 특징을 보다 쉽게 파악할 수 있습니다. 건국대 미디어커뮤니케션학과 황용석 교수는 가짜정보의 유형을 허위정보(disinformation), 거짓정보(hoax)와 오인정보(misinformation), 풍자적 페이크 뉴스(satirical fake news), 유언비어(rumor)로 분류했습니다. 여기서 허위정보는 의도적으로 만들어진 허위정보 또는 오해를 부르는 정보로서 대상을 속이기 위해 숙고해서 계산된 방식으로 퍼뜨리는 정보를 의미합니다. 거짓정보는 진실을 가장해서 고의로 조작한 정보로서 의도적인 조작의 과정을 거친 것이므로 관찰이나 판단의 오류, 선의의 거짓말, 전설, 만우절 농담과는 구별됩니다. 오인정보는 사실이 아님을 인식하지 못한 채 의도적 또는 비의도적으로 전파되는 정보입니다. 풍자적 페이크 뉴스는 대상이 허구임을 인지할 수 있는 상태로 허위적 정보를 구성한 것을 의미합니다. 유언비어는 근거 없이 퍼지는 소문 등으로 정보의 출처가 불분명하다는 불확실성이 그 특징입니다. [참고자료 : 민주주의 위협하는 '가짜뉴스'… 규제는 신중해야. 문장원 기자, M이코노미뉴스, 2018.12.14]

다음으로 경희사이버대 미디어커뮤니케이션학과 심영섭 교수는 잘못된 정보(Misinformation), 조작된 정보(Disinformation)를 가짜뉴스의 유형으로 언급했습니다. 그는 '잘못된 정보'의 경우 그 내용은 허위이지만 현실적인 악의성이 없는 정보를 의미하며, 이러한 잘못된 정보는 오보 정정을 통해 시정될 수 있다고 보았습니다. 반면 '조작된 정보'는 정보 제공자가 허위로 만들어 낸 내용을 악의적으로 유포하는 경우입니다. 이는 개인이나 집단, 조직, 특정 국가에 피해를 줄 목적으로 유포하기 때문에 범죄행위에 해당합니다. 악의적으로 조작된 정보의 경우 피해당사자가 존재하며 결코 적지 않은 문제들을 일으키는 사회적 파장을 낳기도 합니다. [참고. 가짜뉴스를 어떻게 걸러낼 것인가? 심영섭, 방송트랜드&인사이트, 2018년 4호 Vol.17]

가짜뉴스, 정치를 숙주로 하는 교묘한 괴물성

가짜뉴스가 창궐하는 사회, 탈진실의 시대

가짜뉴스는 진실이 사라지고 진실이 아닌 것이 진실로 받아들여지는 기현상을 초래합니다. 2016년 11월 옥스퍼드 사전은 '탈진실'(post-truth)을 올해의 단어(Word of the Year)로 선정했습니다. '탈진실'의 사전적 정의는 '진실에서 벗어난다'는 뜻으로, 객관적인 사실이나 진실보다 개인의 신념이나 감정이 여론 형성에 더 큰 영향을 미치는 현상을 이르는 말입니다.

가짜뉴스가 창궐하는 사회일수록 탈진실의 사회이며, 그러한 시대는 탈진실의 시대라고 할 수 있습니다. 가짜뉴스는 1) 선정적이고, 2) 연결성이 있고 3) 혐오를 만들고, 4) 일방적이며, 5) 그 영향력이 치명적이라는 다섯 가지 특징이 있습니다. 우리 사회에 만연한 가짜뉴스는 우리들을 탈진실의 시대 속에 살고 있다고 느끼게 합니다.

정치와 밀접하게 맞물려 있는 가짜 뉴스

2010년대 중반 이전까지 가짜뉴스는 주로 연예인들의 가십과 관련된 경우가 많았습니다. 그러나 그 이후의 가짜뉴스는 정치와 관련된 경우가 많았습니다. 이는 서구사회나 한국사회가 비슷한 양상을 띠고 있습니다.

미국사회의 경우를 예로 살펴보겠습니다. 2016년 미국 대통령 선거 결과 언더도그로 평가받던 트럼프가 당선되자 가짜뉴스가 심각한 문제로 부상했습니다. 당시 버락 오바마 전 대통령은 "지금 시대는 잘못된 정보가 너무 많고 아주 잘 포장돼 페이스북이나 TV에서 보면 똑같이 보인다"며 공개적으로 우려를 표명했습니다. 또한 미국의 뉴스 및 엔터테인

먼트 웹사이트인 버즈피드가 대통령 선거 직전 3개월 간 호응이 가장 높았던 가짜뉴스 20개와 뉴욕타임즈, 워싱턴포스트, CNN 등 주요 언론의 기사 20개를 비교한 결과, 가짜뉴스의 페이스북 이용자 참여 건수가 871만 건에 달해 주요 언론 기사 736만 건보다 많았다는 것을 밝혀냈습니다. 게다가 친트럼프, 반클린턴 성향의 가짜뉴스가 트럼프 승리에 영향을 미쳤다는 주장까지 등장하였습니다. 이러한 가짜뉴스의 정치적 전략적 사용을 미국의 마크 브라이스 교수는 '트럼프주의'라고 지칭하며 이는 대중영합주의와 인종주의, 외국인 혐오주의를 바탕으로 한다고 주장하기도 하였습니다. 이러한 평가 역시 특정한 정치적 견해를 배경으로 하므로 우리는 신중하게 판단하여야 합니다. 그러나 분명한 것은 대통령 선거와 같은 거대한 정치적 활동이 가짜뉴스와 밀접하다는 것을 잘 알 수 있습니다.

우리나라 역시 2016년 박근혜−최순실 게이트를 겪으며 가짜뉴스가 봇물 터지듯 생산되었습니다. 그 과정에서 국민들은 정확한 판단을 내리지 못하고 보수와 진보라는 양 극단으로 나뉘어져 대립하게 되었습니다. 또한 미군의 사드(Saad) 기지 설치나 코로나19 등 사회적 쟁점을 유발할 수 있는 사건들이 일어날 때마다 가짜뉴스가 발생해 국론 분열과 국민 간의 갈등을 심화시키고 있습니다.

뿐만 아니라 이러한 가짜뉴스 논란과 정치 진영간의 대립은 '가짜뉴스'라는 용어의 오남용으로까지 이어졌습니다. 즉 가짜뉴스로 보기도 어려운 것들조차 가짜뉴스로 몰아가는 현상이 증가하게 된 것입니다. 어느 사회든 그 원인이 불분명하거나 납득하기 어려운 사건에 대한 다양한 해석과 의견 등이 제시될 수가 있습니다. 그런데 그 뉴스의 사실성 여부(fact)나 근거의 적절성이 아니라 단지 정치적 유리함과 불리함을 판단 기준으로 삼아 자신에게 불리한 내용은 일단 가짜뉴스라고 매도하는 상황이 자주 발생하고 있습니다. 이처럼 가짜뉴스는 '진실'이라는 철학적 주제나 '양심'이라는 도덕적 선택이 아니라 '정치적 진영과 이해관계'라는 정치논리에 의해 오용되고 있습니다. 가짜뉴스의 최대 생산공장은 정치라는 것을 그 누구도 부정하지 않고 있습니다.

팬데믹과 함께 확산된 가짜뉴스, 인포데믹

코로나19의 세계적인 확산과 함께 이와 관련된 가짜뉴스들도 동시에 확산되었습니다.

인포데믹(infodemic) 경고

세계보건기구(WHO)는 코로나19의 팬데믹(Pandemic · 세계적 대유행)을 선언하기 이전부터 꾸준히 인포데믹에 대한 경고를 해왔습니다. 인포데믹은 정보(information)와 유행성 전염병(epidemic)이 결합하여 합성된 신조어로서 '잘못된 정보가 전염병처럼 빠르게 확산되는 현상'을 지칭합니다. 특히 WHO의 테드로스 아드하놈 게브레예수스 사무총장은 "가짜 뉴스와 잘못된 정보는 바이러스보다 더 빠르게 전 세계에 퍼질 수 있다. 우리는 현재 팬데믹과만 싸우는 것이 아니다. 인포데믹과도 싸우고 있다고"며 그 위험성을 거듭 경고했습니다. 또한 WHO는 구글, 유튜브, 페이스 북 등 다양한 소셜미디어와 함께 가짜뉴스에 대응하고 있습니다.

코로나19와 가짜뉴스

코로나19와 관련한 가짜뉴스의 대표적인 예는 어느 장소, 어느 지역에 확진자가 나왔다거나, 어느 나라에 코로나19나 변종 괴질이 일어나 엄청난 숫자의 사람이 죽었다거나, 어느 국가나 특정 집단에서 코로나19 바이러스를 생산하여 고의적으로 유포하였다는 정보와 같은 것입니다. 포털 사이트에 '코로나19 가짜뉴스'를 검색하면 각종 가짜뉴스가 끝이 없이 이어집니다. 사업상의 이익을 위해 코로나19를 이용하는 과대 허위광고도 등장합니다. 예를 들면, '고체 이산화염소를 이용한 코로나19 예방용 목걸이'도 나와 환경부가 안전성 차원에서 이 제품의 유통을 차단시키기까지 했습니다. 뿐만 아니라 이란에서는 코로나19사태 이후 2달여 동안 '알코올이 코로나19를 예방한다'는 거짓정보로 인해 5,011명이 알콜에 중독되고 이 중 525명이 숨졌다고 보건부가 발표했습니다. '뜨거운 물을 자주 마시고 태양을 쬐면 예방이 된다', '바이러스 크기가 큰 편이라 보통 마스크로 걸러진다' 등의 허위 정보가 대한의사협회의(의협)의 권고사항이라는 이름으로 공유되어 의사협회에서 주의보를 내기도 했습니다. 또한 공적 마스크를 특정 기업에서 생산 공급하도록 특혜를 주었다는 의혹이 일어나 정부 당국과 청와대가 직접 해명하기도 했습니다. 이런 가짜뉴스는 코로나19에 집중해야 하는 방역 당국의 활동에 큰 부담과 장애물이 되고는 하였습니다.

인포메딕이 우리에게 주는 교훈이 있습니다. 그것은 생존이 위협받고 공포가 사람들의 마음에 영향을 미칠 때일수록 가짜뉴스가 많이 생산되고 사람들은 그러한 정보를 쉬 믿게 된다는 것입니다. 지금 지구촌 모든 사람들은 인포메딕 상황 아래 있다고도 할 수 있습니다. 즉 코로나19로 인하여 가짜뉴스에 무방비 상태로 노출되어 있는 것입니다.

가짜뉴스, 어떻게 구별할 수 있을까

가짜뉴스 구별의 어려움

가짜뉴스를 판별하고 진위를 가려내는 일은 결코 쉬운 것이 아닙니다. 사람은 자신이 먼저 접한 정보에 기반하여 다른 정보를 판단하는 습관이 있습니다. 이를 선입 정보 우선의 원리라고 합니다. 그리고 대부분의 사람들은 자신의 감정 상태에 따라 정보를 판단하기 쉽습니다. 더구나 대다수의 사람들은 자신의 정치적 입장과 진영에 따라 정보를 취사선택하는 태도를 지니고 있습니다. 즉 자신이 믿고 있는 대로 거기에 맞추어 정보를 선택하는 확증 편향을 지니고 있기 때문입니다. 게다가 가짜뉴스를 조작하고 생산하는 이들의 수법이 고도화되어 있고, 출처도 알 수 없는 정보들이 대부분 '~~ 카더라'라는 방식으로 전파되기 때문입니다.

한국언론진흥재단 미디어연구센터는 2017년 20~50대 성인남녀 1,084명을 대상으로 '일반 국민의 가짜 뉴스에 대한 인식' 설문조사를 실시했습니다. 설문 결과 응답자의 76.2%는 "가짜뉴스를 알고 있다"고 대답했고 이렇게 답한 응답자 가운데 80%는 "기사 형태로 조작된 온라인 콘텐츠"를 '가짜뉴스'로 규정했습니다. 하지만 응답자의 74.3%는 "페이스북과 트위터 등 SNS로 유포된 정체불명의 게시물", 74.1%는 "카카오톡이나 네이버라인 등 모바일 메신저의 사설정보", 72.4%는 "알려지지 않은 매체의 이름으로 배포된 인쇄물"을 '가짜뉴스'로 인식해 '가짜뉴스'를 식별하는 기준과 능력에는 차이를 보였습니다.

한국언론진흥재단은 이 설문조사와 함께 판별능력 실험도 실시했는데 오직 1.8%의 참가자만이 '가짜뉴스'를 정확하게 가려냈습니다. 더구나 최근에는 딥페이크 기술로 조작된 인터뷰 동영상까지 등장했습니다. 이는 대역 배우가 성대모사에 실제 인물의 얼굴과 표정이 합성되는 것인데 인공지능과 기계학습 기술의 발달로 특정인의 말투까지 학습시켜 모방합니다. 이미 여러 실험에서 가짜뉴스를 판별하는 것이 어렵다고 밝혀진 가운데 이러한 딥페이크 기술을 바탕으로 한 동영상 조작은 진위의 구별을 더욱 힘들게 하고 있습니다. 이처럼 가짜뉴스를 판단해 내는 작업은 결코 쉬운 일이 아닙니다. [참고자료 : 국민 76% 진짜뉴스

를 볼 때도 가짜뉴스인지 의심한다. 연합뉴스, 2017.3.29]

가짜뉴스 유튜버의 두드러진 특징

소셜 미디어 가운데 영향력이 큰 유튜브에서 나타나는 가짜뉴스는 대부분 정치적 목적의 뉴스입니다. 이에는 보수와 진보의 구분이 없습니다. 또한 이러한 경향에 편승해 더 자극적이고 극단적인 견해를 바탕으로 돈을 벌려는 유튜버들이 늘고 있습니다. 이러한 현상을 빗대어 '우파코인', '좌파코인'이라는 말이 사용될 정도입니다. 특히 유튜브의 경우 개개인의 관심도를 기반으로 영상을 추천하므로 비슷한 경향의 콘텐츠를 한두 번 보게 되면 계속해서 그와 관련된 영상만을 추천받게 됩니다. 이로 인해 확증 편향이 강화되고 시청자들은 자신도 모르게 필터링을 하는 능력을 잃어버리고 특정 견해가 쏟아내는 정보들에 갇혀 더 극단적 정치색을 띠게 돼 국론 분열이 심해집니다. 이러한 가짜뉴스 유튜버들의 공통점을 살펴보면 다음과 같습니다.

1. 탈, 인물, 동물, 영화 캐릭터 등 가면을 착용합니다.
2. 목소리를 다양한 방식으로 변조합니다.
3. 편 가르기와 혐오, 비방과 폭로, 극단적 주장과 욕설 등이 난무합니다.
4. 특정한 정치적 진영에 속한 입장만을 고수합니다.
5. 극단적인 언어와 감정적인 선동을 하는 레토릭을 구사합니다.
6. 동일한 내용을 퍼 와서 확대 재생산 합니다.

이런 특징을 지닌 유튜버가 등장하는 영상들일수록 가짜뉴스일 확률이 높으니 시청할 때 세심한 주의가 필요합니다. 가짜뉴스는 차분하게 정보를 종합적으로 제공하거나 입체적인 해석을 하지 않습니다. 그 언어가 매우 직선이고 공격적이며, 감정을 자극하는 선동이 대부분입니다.

가짜뉴스 구별법, 뉴스 리터러시

가짜뉴스의 파급력과 악영향이 커지자 이를 구별하는 방법에 대한 다양한 논의가 일어나고 있습니다. 현재 우리 나라의 고등학교에서는 매체를 통해 전해지는 정보 가운데 가짜뉴스를 식별하는 법을 공부하고 있습니다. 그것은 1) 매체에 대한 비판적 수용, 2) 타당성, 3) 적절성, 4) 사실과 의견 구분, 5) 출처 확인, 6) 과장과 왜곡에 대한 인식 등입니다.

먼저 '비판적 수용'은 주장이 타당하고 공정한지 그리고 그 근거는 적절한지를 판단하는 태도를 말합니다. '타당성'은 어떤 주장이 이치에 맞고 합리적인지를 묻는 것이고, '공정성'은 어느 한쪽으로 치우치지 않았는지를 판단하는 것입니다. '적절성'은 뉴스가 제시하는 근거들이 그 주장을 지지하는지를 확인하는 것입니다. '사실과 의견의 구분'은 이것이 객관적인 사실인지 제공자의 주장에 불과한 것인지를 나누어 살피는 것입니다. 그리고 '출처 확인'은 뉴스에 활용된 자료의 출처를 꼼꼼히 확인하는 것입니다. 또한 '과장과 왜곡'은 실제보다 크거나 작게 과장하는지 혹은 사실과 달리 왜곡하는지를 살피는 것입니다.

이를 적용해 보면, 우선 1) 주어진 뉴스의 헤드라인을 살펴 지나치게 감성적이거나 한쪽으로 편향되지 않는지 확인합니다. 자극적이고 선동적일수록 편향적인 특징이 있습니다. 2) 이후 뉴스를 보며 사실과 의견을 나누어보고 그것이 사실로 판단된다면 그 자료의 출처를 확인합니다. 만약 출처가 명확하지 않거나 출처에 언급된 기관이 공신력이 없는 곳이라면 조작된 뉴스일 확률이 큽니다. 3) 또한 자료가 과장되거나 왜곡되지는 않았는지도 살펴야 합니다. 예를 들어 도표를 통해 시각적으로 정보를 제시하는 경우, 꺾은선 그래프로 도표화하였다면 그래프의 X축과 Y축의 연관성을 살피고 그 값이 비약되었거나 생략된 부분은 없는지 살펴봅니다. 만약 X축과 Y축의 값에 비약이나 생략이 있다면 조작된 자료일 여지가 있습니다. 막대그래프 역시 마찬가지입니다. 높이나 두께를 조정하여 판단을 조작하는 경우가 흔하기 때문입니다. 4) 그리고 주장이나 자료 속에 '숨겨진 의도'는 없는지 생각해야 합니다. 이럴 때는 반대편의 입장에서 생각을 해보는 것이 도움이 됩니다. 이처럼 침착하고 면밀한 과정을 거쳐 판단을 하고, 자신의 입장을 유보할 때 가짜뉴스에 속거나 조종되지 않는 지혜를 지니게 됩니다.

이처럼 의견과 사실을 구분하고 가짜뉴스에서 진실을 가려내는 비판적 사고 능력을 뉴스 리터러시(News literacy) 역량이라고 합니다. 이는 미디어 시대에 성숙한 시민들이 가져야할 기본 역량이자, 정보과잉 시대에 디지털 러터러시 역량과 함께 21세기를 살아가는 핵심 역량이라고 할 수 있습니다.

가짜뉴스 통제는 표현의 자유를 침해하는 것인가

가짜뉴스 규제, 정부의 대응

가짜뉴스를 구별하는 방법도 좋지만 구별에 들어가는 사회적 비용을 줄이기 위해서는 가짜뉴스 자체를 줄이는 방안도 필요합니다. 2018년 국무회의에서 이낙연 국무총리는 "개인의 사생활이나 정책 현안은 물론 남북관계를 포함한 국가 안보나 국가원수와 관련한 턱없는 가짜뉴스까지 나돈다며 검찰과 경찰은 유관기관 공동대응체계를 구축해 가짜뉴스를 신속히 수사하고 불법은 엄정히 처벌하기 바란다"고 주문했습니다. 특히 이 총리는 가짜뉴스 생산자를 '공동체 파괴범', '민주주의 교란범'이라는 용어를 사용하며 강한 어조로 비판했습니다. 또한 2019년 새로 취임한 방송통신위원장 역시 '가짜뉴스를 규제하겠다'는 의사를 강하게 드러냈습니다. 정치권에서는 여당이 플랫폼 사용자에게 엄격한 감시/필터링 의무를 부과하는 등 다양한 방안을 추진하겠다고 말하였습니다. 이러한 정부 여당의 입장에 대해 야당이나 많은 사람들이 가짜뉴스 규제는 표현의 자유를 침해하는 것이라고 반박하였습니다.

오보와 가짜뉴스는 다르다

'가짜뉴스 규제'는 '표현의 자유'라는 가치와 충돌을 하면서 논란이 되고 있습니다. 가짜뉴스 규제라는 사회적 필요성과 표현의 자유라는 민주주의의 가치가 상충하는 딜레마가 있는 것입니다. 이에 대해 다양한 의견이 있습니다.

인제대학교 신문방송학과 김창룡 교수는 '가짜뉴스는 언론의 오보와는 달리 사실이나 진실의 추구가 아닌 혐오 혹은 낙인의 굴레 씌우기라는 정치적 목적을 추구한다'고 말합니다. 그리고 정치적 목적을 위해 의도적으로 포장되고 조작되었으므로 언론의 오보와 그 출발점과 지향점이 전혀 다르다고 주장합니다. 따라서 가짜뉴스는 법적인 보호의 대상이 될 수 없으며 보호할만한 가치도 없다고 이야기합니다.

그러나 다른 한편에서는 국민의 표현의 자유 보장을 위해서 '공인(公人)에 대한 비판'은 다소 감수해야 한다고 주장합니다. 특히 야당에서는 '이러한 규제가 국민의 입에 재갈을 물리려는 의도가 아닌지 의심된다'고 비판합니다.

이러한 의견 대립을 접하면서 우리는 신중하게 판단해야 합니다. 가짜뉴스를 없애자는 주장에 반대할 사람도 없고, '표현의 자유'라는 가치를 부정할 사람도 없기 때문입니다. 가장 큰 문제는 사실 언론의 오보와 가짜뉴스의 경계를 구분하기가 무척 힘들다는 것입니다. 확실히 언론의 실수에 의한 오보와 의도적인 가짜뉴스의 구분은 쉽지 않습니다. 흰색과 회색과 검정색의 경계와 기준은 그리 분명하지 않는 것과 유사합니다. 그러나 명백한 검정색과 명백한 흰색은 누구나 구분할 수 있습니다. 조심스러운 비유이지만, 머리카락이 몇 개 빠져야 대머리인지 그 기준이 명확하지는 않지만 대머리는 존재하는 것처럼 명백한 가짜뉴스는 존재한다는 것은 사실입니다.

표현의 자유 속에 숨은 가짜 뉴스

1인 미디어의 뉴스가 모두 가짜뉴스인 것이 아닙니다. 하지만 1인 미디어가 가짜뉴스의 대량 생산지인 것은 분명합니다.

1인 미디어에 대한 비판적 수용의 능력이 필요합니다. 1인 미디어는 기존 방송의 대안으로 다양한 문화를 생성한다는 장점이 있습니다. 그리고 이를 통해 많은 사람들이 각자의 능력과 개성을 발휘하여 수익을 얻는 비즈니스 활동이 되기도 합니다. 그러나 문제점도 역시 많습니다. 특히 정치와 관련해 검증되지 않은 가짜뉴스가 표현의 자유라는 이름 속에 숨어 사람들에게 거짓 정보를 제공하고 있습니다. 그러나 우리나라의 경우 기존의 언론 관련 법들은 이러한 시대의 흐름을 따라가지 못하고 있습니다. 그래서 하루가 멀다하고 1인 미디어 관련 사건, 사고가 터지고 있지만 거기에 합당한 처벌이 이루어지지 않고 있습니다. 따라서 정부와 국회는 변화된 시대에 맞게 기존 법률을 보완하고 1인 미디어의 바른 성장을 위한 정책을 시행해야 할 것입니다. 이는 표현의 자유를 억압하는 것이 아닌 거짓의 확산을 막기 위함입니다.

탈진실(post-truth) : 가면에 가리워진 왜곡된 사실이나 정보, 인식, 개념 등이 진실을 벗어나 있다는 것을 표현하는 형용사이다. 주로 객관적인 사실보다 개인의 감정이나 의견이 대중적인 여론에 더 큰 영향을 미쳐서 인식되는 정보나 현상을 묘사할 때 쓰인다.

인포데믹(infodemic, 정보 감염병) : 정보(information)와 전염병(endemic)의 합성어로, 정보감염병을 뜻함. 잘못된 정보나 악성루머가 미디어, 인터넷 등의 매체를 통해 매우 빠르게 확산되는 현상.

딥페이크(deepfake) : 인공지능 기술을 활용해 기존에 있던 인물의 얼굴이나, 특정한 부위를 영화의 CG처리처럼 합성한 영상편집물을 말한다. 과거 인물의 사진이나 영상을 조악하게나마 합성해 게시하던 것이 디지털 기술과 인공지능의 발전으로 몇 단계 정교해진 결과라 볼 수 있다. 원리는 다음과 같다. 합성하려는 인물의 얼굴이 주로 나오는 고화질의 동영상을 통해 딥러닝하여, 대상이 되는 동영상을 프레임 단위로 합성시키는 것이다.

확증 편향(確證偏向) : 자신의 신념과 일치하는 정보는 받아들이고 신념과 일치하지 않는 정보는 무시하는 경향을 말한다. 대부분의 사람들에게 이러한 경향이 있다고 한다. 영어로는, confirmatory bias 또는 myside bias라고도 한다.

깊이 생각하기 : 생각할 질문과 토론 주제

 질문

Q1. 가짜뉴스 중 유독 정치 관련 뉴스가 많은 이유가 무엇일까요?

Q2. 사람들이 가짜뉴스에 열광하는 이유는 무엇이라고 생각합니까?

Q3. 국민의 한 사람으로서 가짜뉴스를 구별하는 힘을 기르기 위해서 지녀야 할 효과적인 방법은 없을까요?

 토론주제

〈토론1〉 1인 미디어 방송이 가짜 뉴스를 만들어내는 것을 줄이는 것은 가능할까요? 가장 효과적인 방법은 무엇이라고 생각하나요?

〈토론2〉 만일 가짜뉴스를 금지하는 법을 만든다면 '표현의 자유'가 억압되거나 '언론의 자유'가 침해될 될 위험은 없을까요? 만일 법으로 금할 수가 없다면 다른 어떤 방법들이 있을까요?

〈토론2〉 정부의 인터넷 실명제를 도입해야 한다는 주장에 대해 찬성하나요? 반대하나요? 나의 입장에서 상대방의 주장을 반박 해보세요.

더 깊은 학습을 위한 자료들

[책]
가짜뉴스의 고고학. 최은창. 동아시아. 2020. 2.12.
가짜뉴스 경제학. 노혜령. 워크라이프. 2020. 6. 29.
가짜뉴스의 시대. 케일린 오코너,네임스오언웨더럴. 반니. 2019. 11. 10.
비상! 가짜뉴스와의 전쟁. 상드라 라부카리. 다림. 2020. 6. 23.
세계는 왜 가짜뉴스와 전면전을 선포했는가?. 황치성. 북스타. 2018. 12. 13.

[언론기사]
'가짜뉴스' 판친다…누가 무슨 이유로 쓰나. 김도균. SBS 뉴스 2016. 12. 25.
가짜뉴스가 코로나19보다 더 무서운 사회. 히트뉴스. 류충열 2020. 4. 1.
가짜뉴스와 표현의 자유가 충돌할 때. 이근우. 매경데스크. 2018. 11. 5.
신희섭의 정치학 '탈진실'의 시대와 정치학 대중화의 절박함. 법률저널. 신희섭. 2020. 5. 22.
가짜뉴스 SNS 전파 속도 '진짜'보다 최고 20배 빨라. 경향 비즈. 김기범. 2018. 3. 9.
"가짜 뉴스 때문에 진짜뉴스도 못 믿겠다" 한국언론진흥재단 '일반 국민들의 가짜 뉴스에 대한 인식' 설
　　문조사. 국민일보. 2017. 3. 29.

[논문]
가짜뉴스의 개념과 범위에 관한 논의. 윤성옥. 한국언론법학회. 2018. 04.
가짜뉴스 · 유튜브 · 극우보수와 저널리즘. 정철운. 인물과사상사. 2018. 11.
가짜뉴스에 대한 규범적 고찰. 오일석,지성우정운갑. 미국헌법학회. 2018. 4.
가짜뉴스 확산의 미디어 심리학적 분석. 한국심리학회. 2017. 8.
'가짜뉴스'와 온란인 허위정보 규제에 대한 비판적 검토. 박아란. 서울대언론정보연구소. 2019. 5.

[영화]
신문기자 (The Journalist, 2019). 감독 후지이 미치히토. 2019. 10. 17.
컨테이젼 (Contagion, 2011). 감독 스티븐 소더. 2011. 9. 22.

_____